천사의
대화법

니시토 아키코 지음 | **한양희** 지음

썬더버드
thunder bird

西任暁子　話すより10倍ラク!　聞く会話術

HANASUYORI 10BAI RAKU! KIKU KAIWAJUTSU

Written by Akiko Nishito

Copyright ⓒ 2015 by Discover21, Inc.

Original Japanese edition published by Discover 21, Inc.,Tokyo, Japan

Korean edition is published by arrangement with Discover 21, Inc. through BC Agency.

The greatest good
you can do for another is not
just to share your riches
but to reveal to him his own.

_Benjamin Disraeli

타인에게 해줄 수 있는 가장 멋진 일은

부를 나누어주는 것이 아닌, 그 사람의 장점을 이끌어내 주는 것이다.

_벤저민 디즈레일리(영국의 정치가·소설가)

상대를 주인공으로
만들어주어라

어느 영국 여성이 두 명의 정치가와 각각 다른 날에 식사를 했습니다. 그리고 그녀는 이렇게 말했습니다.

"한 명의 남성은 영국에서 가장 뛰어난 두뇌를 가진 남성이라고 생각했습니다. 그리고 또 한 명의 남성은 '내가 영국에서 가장 현명한 여성이구나'라는 기분이 들도록 해주었습니다."

자, 그렇다면 당신이 이야기를 나누고 싶은 사람은 어느 쪽입니까?

둘 다 19세기 후반 영국에서 2대 정당의 대표로서 활약한 정치가입니다. 전자는 윌리엄 글래드스턴, 그리고 후자는 벤저민 디즈레일리라고 합니다.

글래드스턴처럼 뛰어난 일처리에 머리가 좋고, 대화를 할 때에도 재미있는 사람은 물론 매력적입니다. 함께 있으면 아마도 즐겁게 시간을 보낼 수 있겠지요? 하지만 '또 만나고 싶다'는 생각이 드는 쪽은 디즈레일리처럼 상대의 매력을 끌어내주고, 상대를 빛나게 해주며 상대를 주인공으로 만들 수 있는 사람이 아닐까요?

저는 지금까지 라디오 DJ로서 5천 명이 넘는 많은 분들의 인터뷰를 해왔습니다. 스티비 원더, 제임스 브라운, 신디 로퍼 등 해외의 여러 슈퍼스타들을 비롯해서 와타나베 켄, 다케우치 마리야, 기무라 타쿠야 등 일본을 대표하는 대스타, 또 교세라의 창업주인 이나모리 가즈오, 치쿠바대학 명예교수인 무라카미 가즈오를 비롯한 다양한 경영자나 문화인들도 직접 만나 이야기를 나누어보았습니다. 그 인터뷰가 대부분 그들과의 첫 대면이었습니다. 시간은 10분에서 길게는 한 시간 정도. 게다가 대부분 실수가 용납되지 않는 생방송이었습니다.

'어떻게 하면 주어진 짧은 시간 안에 이제 처음 만난 상대의

마음을 열어 진정성 있는 대화를 이끌어갈 수 있을까?'

저는 수많은 실패와 실수를 거듭하며 '이야기를 끌어내는 법'을 탐구해왔습니다. 초창기에는 록 밴드 멤버와 싸움을 할 뻔한 일까지 있었고, "이따위 방송에 나가느니 집에 가고 말지"라는 소리를 듣고 울면서 인터뷰를 한 적도 있습니다. 하지만 어느 순간부턴가 많은 분들이 "니시토 씨가 이야기하기 편하니까 인터뷰를 해주었으면 좋겠는데"라고 의뢰를 해주거나 "니시토 씨와 하는 인터뷰는 이야기하기가 편해요"라고 말해주게 되었습니다.

지금 저는 〈화법학교〉의 교장으로서 많은 학생들에게 말하는 태도와 말투를 가르치고 있습니다. 약 20년간 프로로서 '쉽게 전달하는 이야기 방법'을 추구하던 중 깨달은 것이 있습니다. 그것은 많은 사람들이 '스스로 커뮤니케이션을 잘 못한다고 생각해버리기 때문에 잘할 수 없는 것'이라는 사실입니다.

처음에는 이야기하는 기술이 부족한 것이 원인이라고 생각했습니다. 그래서 〈화법학교〉에서는 당초에 최선을 다해 말하는 기술을 가르쳤습니다. 그런데 그것은 오히려 역효과를 가져왔습니다. 기술을 가르치면 가르칠수록 '저것도 하지 않으면 안

돼', '이것도 하지 않으면 안 돼'라며 위축되고 오히려 아무 말도 할 수 없게 되었기 때문입니다. 그때부터 기술을 가르치기 이전에 우선은 안심하고 커뮤니케이션을 할 수 있는 환경을 만드는 데 주력했습니다. 모두가 많은 불안을 떠안고 있다는 것을 알았기 때문입니다.

'질문이 주제에서 벗어나지는 않을까?'
'내 이야기 따위 다른 사람들은 관심조차 없을지도 몰라.'
'남과 다른 의견을 말해서 가십거리가 되고 싶지는 않아.'

자신의 감정을 참아가도록 배우며 자라온 저를 포함한 많은 사람들이 자기주장을 하는 것에 익숙지 않습니다. 학교에서도 학급의 평화를 깨뜨리지 않도록 남들과 같은 일률적인 것을 요구해왔습니다. 그래 놓고 사회인이 되었다고 해서 갑자기 "자신의 의견을 확실히 말해!", "당신 생각은 없는 거야?"라고 하면 무엇을 어떻게 말해야 좋을지 모르는 것은 당연합니다.

용기를 내 자신의 의견을 말하려 해도 "감히 신참 주제에 이런 말을 하다니, 10년은 지나야 가능한 얘기 아냐?", "회사를 너무 쉽게 보는 거 아냐? 하긴 아직 젊은 혈기니"라는 식의 답만 돌아오기 일쑤입니다. 가만히 있으면 중간이나 갈 수 있다고 느껴지는 그런 환경에서 우리는 살아가고 있는 것입니다. 그렇다고 정말로 가만히 있으면 '저 사람은 뭘 생각하고 있는지 도무지 알 수가 없어'라며 바로 업무 평가를 하락시키지요.

도대체 어떻게 말해야 할지 고민하고 있는 학생들에게 저는 능숙하게 말하는 법이 아닌 '상대가 안심하고 이야기할 수 있는 장'을 만드는 법을 알려주었습니다. 그러자 말주변이 없어 고민하던 학생들의 인간관계가 놀라우리만큼 변화하기 시작했습니다.

"부하가 속내를 이야기해주기 시작했습니다."
"부부관계가 좋아지고, 아이들과의 대화도 늘었습니다."
"상사조차도 제대로 해결할 수 없었던 클레임 처리에 성공하고, 회사 내 여기저기에서 박수를 받았습니다."

저는 그들에게 말하는 법을 가르친 것이 아닙니다. 상대에게 신뢰받는 방법, 호감을 갖게 하는 방법, 상대의 마음을 열어 이야기할 수 있는 방법을 알려준 것입니다.

중요한 것은 평소대로 말할 수 있는 분위기를 만드는 것! 쓸데없이 긴장만 하지 않는다면 누구든지 본래 가지고 있는 커뮤니케이션 능력을 십분 발휘할 수 있기 때문입니다. 그리고 그 안심할 수 있는, 안전한 공간은 자기 스스로 만들어낼 수 있습니다.

불안을 느끼는 자신이 이야기를 하는 것이 아닙니다. 상대에게 안전한 공간을 제공하고, 상대가 안심하고 이야기하게끔 만들면 되는 것입니다. 이 책에서는 그 분위기를 만드는 방법을 담았습니다. 그것은 제가 인터뷰어로서 상대를 안심시키고, 진심을 끌어낸 경험 속에서 터득한 비결입니다.

그 비결을 한마디로 말하자면, 천사처럼 '상대를 주인공으로 만들어주는 것'입니다. 상대에게 빛이 나도록 무대를 만들고, 주인공이 된 상대가 자연스레 이야기할 수 있도록 매력을 끌어내주는 것입니다. 그렇게 되면 상대는 당신과 이야기하는 것을 즐거워할 것입니다. 그리고 또다시 만나고 싶어 할 것입니다. 또 '이야기가 끊어지면 어떡하지' 따위의 염려도 사라지고, 지금 있는 공간에서 편안함을 느끼며 자연스레 평상시대로 이야기할 수 있을 것입니다. 어려운 상대를 만난다고 해도 끄떡없습니다.

이제부터 상대를 주인공으로 만드는 5단계 과정을 소개하겠습니다.

천사처럼 상대를 주인공으로 만드는 5단계

1단계 상대를 좋아해라.

2단계 상대가 이야기하기 편한 분위기를 만들어라.

3단계 상대를 칭찬하여 마음을 열게 하라.

4단계 상대가 이야기하고자 하는 것을 끌어내라.

5단계 상대의 이야기를 북돋아줘라.

이것은 인터뷰어로서 제가 실제로 실행했던 5단계입니다.

우선은 상대를 좋아하는 것이 제1단계입니다. 물론 저 역시 5천 명이 넘는 게스트 중에 상대하기 어려운 사람이나 흥미조차 없는 사람도 있었습니다. 하지만 그런 채로 인터뷰를 하면 절대 제대로 될 리가 없었습니다.

'그렇다면 그 사람을 좋아하면 되지 않을까?'

그렇게 생각한 저는, 모든 사람을 좋아하게 되는 저만의 방법을 찾았습니다. **당신이 상대를 좋아하면 상대도 당신을 좋아하게 됩니다.**

제2단계로 상대가 이야기하기 편한 분위기를 만들어야 합니다. 상대를 주인공으로 세워주기 위한 무대를 만드는 것입니다. 이렇게 저는 5단계에 걸쳐 조금씩 대화의 장을 훈훈하게 만들어가는 방법을 알려주고자 합니다. 이 책에서는 상대가 이야기에 호응해주지 않을 때 어색한 분위기에서 탈출하는 방법도 소개하고 있습니다.

제3단계에서는 상대를 칭찬함으로써 마음을 열도록 해야 합니다. 기본적으로 모두가 이야기를 하고 싶어 하긴 하지만, 그렇다고 아무에게나 이야기하고 싶어 하는 것은 아닙니다. 신뢰할 수 있는 사람이 자신을 받아들여준다고 느낄 때 말하고 싶어지게 되지요.

시간이 충분해 천천히 여유를 가지고 서로에 대해 알아갈 수 있는 상황이라면 즐기며 대화를 이어가는 것이 가능합니다. 그런데 만약 영업 상대나 파티 등의 장소에서 처음 만난 사람의 경우, 게다가 시간까지 여의치 않은 상황에서 마음을 열게 하고 싶을 때에는 칭찬의 말로 활약해봅시다. 이 책에서는 상대의 어느 부분을 어떻게 칭찬하는 것이 좋은지 구체적인 칭찬 레시피부터 상대가 겸손하게 나올 경우 말하는 법, 칭찬을 통해 회사나 조직에서 신뢰를 얻는 법 등을 소개합니다.

제4단계에서는 상대가 이야기하고 싶어 하는 것을 질문을 통해 이끌어내야 합니다. 지금까지 인터뷰를 대성공시킨 열쇠는 바로 '질문'이었습니다.

누구에게나 '이것은 꼭 듣고 싶다'는 마음의 스위치가 있습니다. 그 스위치를 꾹 누르고 나면 그다음부터는 질문을 하지 않아도 자꾸자꾸 이야기가 흘러나옵니다. 물론 그 스위치를 찾아내기까지 셀 수 없을 만큼 많은 실패가 있었습니다. 회상하는 것만으로도 아직까지 얼굴이 빨개지는 에피소드 역시 이 책에 담았습니다. 여러분이 저와 같은 실패를 하지 않도록. 따라서 꼭 도움이 되었으면 좋겠습니다.

마지막 제5단계에서는 상대의 이야기가 끊이지 않고 팽창해갈 수 있도록 분위기를 북돋아야 합니다. 어쩌면 당연한 말일지도 모르겠지만, 말을 하기 위해서는 들어줄 상대가 필요합니다. 상대가 없다면 말을 할 필요도 없겠지요. **결국 당신이 어떻게 들어주느냐에 따라 상대는 어떻게든 변화할 수 있는 것입니다.** 이야기꽃을 피우게 하는 것도, 지게 하는 것도 당신에게 달려 있습니다.

그렇다고 무조건 예스맨이 되라는 것은 아닙니다. 반론을 하더라도 상대를 끌어내리지 않고 말하는 법, 이야기가 길어질 경우 적절하게 말을 차단하는 방법도 구체적으로 썼습니다. 그리고 짧은 시간 안에 심도 있게 이야기를 전개해나갈 수 있는 공감과 전달의 방법도 소개하고 있습니다.

자, 이제 위의 5단계로 상대를 주인공으로 만드는 것이 가능
해졌다면 당신은 어떠한 사람과도 안심하고 평소의 모습대로
커뮤니케이션을 즐길 수 있을 것입니다. 당신이 본래 가지고 있
던 커뮤니케이션 능력을 되돌리는 여행으로 출발해봅시다!

니시토 아키코

차례

3장 칭찬으로 마음을 열게 하라

4장 상대가 말하고 싶어 하는 것을 끌어내라

5장 이야기를 절정으로 끌어올리는 대화의 기술

1장

상대를
좋아해라

TO BECOME FOND OF WHO YOU TALK TO

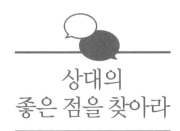

상대의
좋은 점을 찾아라

상대를 주인공으로 만들기 위한 첫걸음으로 우선 상대를 좋아하는 일부터 시작해야 합니다. 주인공은 혼자서 되는 것이 아니라 주변에서 만들어주는 것! 주인공이 되려면 그들을 좋아해주는 팬이 필요한 법입니다. '하지만 사람을 좋아하는 감정이 내 맘대로 되나요?'라고 생각할지도 모릅니다. 처음엔 저 역시 그렇게 생각했습니다.

라디오 DJ로서 매일같이 쉴 없이 인터뷰를 하다 보면 그중에는 정말이지 전혀 흥미가 안 생기는 경우도 있었습니다. 예를 들자면 재즈를 좋아해서 평소 재즈를 즐겨 듣는 저는 록 뮤지션이 게스트로 나왔을 때 묻고 싶은 질문이 퍼뜩 떠오르지 않기도 했습니다.

처음 막 DJ가 되었을 무렵에는 내심 '좋아하지도 않는데 관심 따위 있을 리 없지'라는 생각으로 임해서 인터뷰가 제대로 이루어지지 않는 경우도 있었습니다. 흥미가 없을 때 우러나오는 어색한 분위기가 상대에게도 전해졌기 때문입니다.

한번 상상해보세요. 바로 앞에서 내 이야기를 듣고 있는 사람이 나에 대해 전혀 관심도, 흥미도 없는 듯한 얼굴을 하고 있으면서 이것저것 질문해온다면 그런 사람에게 마음을 열고 말하고 싶은 마음이 생길까요? **그래서 저는 모든 게스트를 좋아하기로 했습니다. 구체적으로, 처음 만난 그 순간에 좋아 보이는 한 가지를 찾는 것입니다.**

아무리 그래도 이제 막 만난 사람을 어떻게 좋아할 수 있느냐고 반문할 수도 있습니다. 물론 인간성 등 본질적인 부분은 단번에 알 수 없습니다. 그러니까 눈에 보이는 자그마한 부분부터 하나하나 살펴보는 것입니다.

'셔츠에 빳빳하게 주름이 들어가 있어서 그런가? 왠지 더 깔

끔해 보이고 좋은데?'

'내추럴한 메이크업이 청순하고 상쾌해 보여 좋은데?'

'피부가 어쩜 이렇게 탄력 있고 예쁠까?'

'눈이 참 예쁘네.'

이처럼 겉으로 보이는 사소한 것이어도 상관없습니다. 단, 이때 꼭 지켜야 할 규칙이 하나 있습니다. 그것은 바로 **마음에서 진심으로 호감을 느끼는 부분을 좋아할 것. '진심'이 아니면 '호감'은 절대 전해지지 않기 때문입니다.**

마음속으로 좋다고 생각하면 그 마음은 반드시 전해집니다. 그것은 꼭 상대의 전부가 아닌 일부분이어도 좋습니다. 단지 일부일지라도 그 마음이 진심이라면 상대는 좋아하고 있음을 느낍니다. 그리고 자신에게 호의를 가져주는 당신에게 마찬가지로 호의를 갖게 됩니다.

생각해보면 연애를 할 때에도 그 사람을 좋아하게 되는 계기는 순간의 말 한마디나 행동 때문이었다고 생각되지 않나요? "괜찮아?"라고 미소 띤 얼굴로 부드럽게 물어봐주었다거나, 모임에서 혼자 쓸쓸히 있을 때 말을 걸어주었다거나, 누가 봐주지 않아도 떨어져 있는 쓰레기를 줍는 모습 등등. 사람을 좋아하게 되는 것은 언제나 이처럼 한순간의 말이나 행동에 의해 좌우되기도 하지요.

일반적으로 사람들은 첫 만남에서 상대가 자신에게 호감을 느끼는지 아닌지를 민감하게 반응합니다. 그리고 '이 사람, 날 괜찮아하는 것 같은데?'라고 생각되는 순간 안심하며 마음을 열고 이야기하게 됩니다.

- 처음 만난 순간에 좋은 점 한 가지를 찾을 것
- 사소한 것이라도 좋으니 마음속으로 상대의 괜찮다고 생각되는 부분을 표현할 것
- 자신에게 호감을 갖고 있다고 느끼면 상대 또한 호의를 갖게 되는 법

만나기 전 세 가지 정도
조사해둘 것

요전에 연수여행에 참가했을 때의 일입니다. 사전에 도착한 참가자 명단 밑에는 이런 글이 적혀 있었습니다.

"참가자들에 대해 블로그나 페이스북을 통해 어느 정도 파악한 후 참가 부탁드립니다."

참 편리해진 세상이지요? 통상 첫 대면에서는 으레 상대와 서로 정보를 교환하고 공통점을 찾아가며 시간을 보냅니다. 하지만 사전에 직업이나 취미, 출신지 등을 미리 알고 만나면 바로 본론으로 들어갈 수 있는 장점이 있습니다. 그래서 상대의 이름을 사전에 미리 알게 되었다면 인터넷에서 검색해보거나, 그 사람에 대해 주위 사람들에게 물어봐서 알아두는 것도 좋습니다. 구체적으로 알아두면 좋을 항목으로 다음의 세 가지를 추천합니다.

- 자신과의 공통점
- 좋아하는 것
- 듣고 싶은 것

딱 이 세 가지 정도면 충분합니다. 위의 세 가지 항목을 찾았다면 조사는 끝! 너무 많은 것을 조사해서도 안 됩니다. 왜냐하면 **이것저것 조사를 다 하면 실제로 만났을 때 궁금한 게 없어져 오히려 역효과가 나버리기 때문이지요.**

제가 DJ로서 인터뷰를 할 때에는 제작진들이 정말 많은 자료를 준비해주었습니다. 책이며 영화, 잡지에 CD, 게다가 인터넷 기사까지. 이런 것들에 익숙지 않았던 시절에는 조금이라도 많은 정보를 머리에 담아두려고 그 많은 자료를 꼼꼼히 읽고, 또 읽으며 그 사람의 모든 것을 알아보려 했습니다. 묻고자 하는 질문이 떠오르지 않거나, 머릿속이 새하얗게 될까 두려웠기 때문입니다. 그런데 막상 많은 준비를 하면 할수록 인터뷰가 잘 진행되지 않았습니다. 상대에 대해 너무 많이 알아 정작 인터뷰를 할 때에는 더 이상 알고 싶은 것이 없었던 것입니다.

상대에게서 이야기를 끌어내기 위해 무엇보다 중요한 것은 내가 상대에게 흥미를 갖는 것입니다. '더 알고 싶다'는 흥미가 상대로 하여금 더 이야기하고자 하는 의욕을 끌어당깁니다. 따라서 만나기 전에 하는 조사는 흥미를 남겨두는 정도까지만 하는 것이 딱 좋습니다. 앞서 말한 것과 같이 너무 많은 정보는 결국 상대의 이야기를 확인하는 것에 그쳐 지루하게 느껴질 수 있습니다.

조사의 목적은 상대에 대해 알아보고 숙지하는 것이 아닙니다. 상대에 대한 흥미를 높여 '만나고 싶다', '이야기가 듣고 싶어'라고 생각되도록 하는 것이 목적입니다.

사전에 조사해야 할 것 중 세 번째 항목으로 '질문'이 아닌 오히려 '듣고 싶은 것'이라고 쓴 이유는 그저 그런 질문이 아닌 열의가 필요하기 때문입니다. 질문에도 저마다 온도가 있습니다.

별 뜻 없이 일단 묻고 보는 낮은 온도의 질문이 아닌 진심으로 알고 싶어 하는, 듣고 싶은 바람이 담겨 있는 높은 온도의 질문이야말로 상대로 하여금 이야기하고자 하는 의욕을 끌어낼 수 있습니다.

KEY POINT

- 사전에 조사해야 할 것 3가지
  - 자신과의 공통점
  - 좋아하는 것
  - 듣고 싶은 것
- 흥미를 잃지 않기 위해서 조사는 정도껏 할 것
- 온도가 높은 질문이야말로 상대의 말하려는 의욕을 끌어내는 법

상대의 '좋은 점'을
나만의 언어로 전하라

상대에 대해 시간을 들여서 조사할 때 반드시 준비해둬야 것이 있습니다. 앞서 소개한 세 가지 조사 항목 중 두 번째에 해당하는 '좋아하는 점'을 어떻게 전달할지 미리 준비해야 하는 것입니다.

얼굴을 맞대고 말하면서, 상대의 좋은 점을 알고 있기는 한데 적절한 말이 바로바로 떠오르지 않을 때가 있습니다. 하지만 사전에 준비를 해두면 상대를 기쁘게 할 만한 말을 찾을 수 있을지도 모릅니다.

2003년, 엘비스 코스텔로라고 하는 영국의 유명한 뮤지션을 인터뷰했을 때의 일입니다. 그의 음악을 거의 들어본 적 없던 저는 인터뷰 준비를 하면서부터 계속 불안했습니다. 혹시 팬들을 실망시키지는 않을지, 그리고 무엇보다 코스텔로 자신이 그에 대해 아무것도 모르는 저의 질문에 성실히 응해주지 않을지도 모른다는 걱정이 컸습니다. 급히 알아낸 지식이 전부였던 저는 그의 역사와 사람됨을 머릿속에 입력하는 동시에 당시 그의 최신 앨범이었던 〈NORTH〉를 차분히 들어보았습니다. 그 과정에서 그의 좋은 점을 찾아낸 저는 그것을 표현할 적절한 언어를 고민해보았습니다.

드디어 방송하는 날, 도쿄 FM으로 와준 코스텔로 씨의 첫인상은 '크다'였습니다. 키가 정말 컸습니다. 그리고 대단히 세련된 스타일이었습니다. 예전의 라디오는 TV와 달리 청취자들에게 출연자의 모습이 보이지 않았기 때문에 스튜디오에 편안한 옷차림으로 오는 사람이 많았습니다. 그런데 그가 입고 있던 품격 있는 양복과 눈에 띄는 핑크넥타이, 게다가 튀지 않으면서도 돋보이는 벚꽃무늬는 일본을 의식한 배려였겠지요. 또 커프스단추는 좌우의 색이 다른 세련된 스타일이었습니다.

키가 크면서 너무나 세련된 코스텔로 씨가 제 앞에 있는 것만으로도 압도당할 것 같았는데, 그는 어쩐지 기분이 좋아 보이지 않았습니다. 웃는 모습은 전혀 볼 수가 없었고, 그가 사용하는 영어 단어는 지식층의 어려운 말들뿐이었습니다. 통역을 해주는 분이 없었다면 무슨 말을 하는지 전혀 알 수 없을 정도였으니까요.

점점 불안이 더해가는 상황에서 저를 구해준 것은, 바로 미리 준비해둔 그의 좋은 점을 전하는 순간이었습니다. 서툰 영어였지만 최선을 다해 저는 그의 앨범을 듣고 느낀 점을 전했습니다.

"마치 한 편의 영화를 보는 듯한 앨범이었습니다. 한 곡, 한 곡 끝날 때마다 '다음은 어떻게 될까?'라는 생각이 들면서 이야기에 빨려들어가는 저를 보았습니다. 순식간에 앨범을 다 듣고 난 후 그 세계관에 잠시 동안 빠져 있었고요."

그 순간이었습니다. '탁' 하고 그의 내부에서 스위치가 켜지는 소리가 들리는 듯한 느낌이 들 정도로 그의 태도가 완전히 바뀌었습니다. "맞아요! 그렇다니까요!"라며 목소리가 커지면서 그는 앨범에 담은 생각을 열성적으로 이야기하기 시작했습니다.

실은 이 무렵 코스텔로 씨는 전처와 헤어지고 재즈싱어인 여성과 사귀고 있는 것이 세상에 알려져 있었습니다. 그 영향을 받은 작품 〈NORTH〉는 재즈에 가까운 사운드여서 그의 록 음악을 사랑하는 팬들에게 그다지 지지를 못 받고 있었습니다.

그는 다시 이렇게 말을 이어갔습니다.

"음악이란 큰 소리를 낸다고 해서 모두가 들어주는 것이 아니에요. 가령 작은 소리라도 좋은 음악은 반드시 누군가 들어주게 되어 있어요. 말이란 것도 그렇지요? 크게 소리를 지른다면 오히려 듣는 사람은 귀를 막아버리고 싶어지지요."

그가 자신의 새로운 음악성을 팬들이 알아주지 않아 힘들어하고 있다는 사실을 저는 알지 못했습니다. 하지만 진심으로 좋다고 느낀 점을 어떻게 전하면 좋을까, 시간을 들여 짜낸 말이 코스텔로 씨의 닫혔던 마음을 한순간에 열게 한 열쇠가 되었던 것입니다.

이처럼 사전 조사에 시간을 투자할 때에는 손수 만든 선물을 준비하는 것처럼 자신만의 말을 찾는 것이 중요합니다. 특별하게 포장할 필요도 없습니다. 그저 자신이 좋다는 것을 어떻게 느꼈는지 표현할 말을 편안한 마음으로 찾으면 되는 것입니다.

만일 적절한 말을 찾지 못했다 하더라도 걱정하지 말고 한번 전달해보세요. 상대를 위해 시간을 들이고 성의껏 준비했다는 사실을 전하는 것이 중요하기 때문입니다. 정성 들여 손수 만든 선물을 받았을 때, 가령 제대로 만들지 못했다 하더라도 거기에 들인 시간과 정성이 마음을 기쁘게 해주지요? 그런 것과 마찬가지입니다.

KEY POINT

- '좋은 점'을 전할 자신만의 언어를 찾아볼 것
- 적절한 말을 찾는 데 들인 시간과 정성은 상대에게 선물이 되는 법

어려운 상대를 만나기 전
30초만 웃어보자

어떤 사람을 좋아하려고 애써도 인간이기에, 아무리 노력해도 어려운 사람이 있기 마련입니다. 영업 거래처의 담당자가 무뚝뚝한 데다 불편할 때 '좋은 구석이라고는 도대체 찾을 수가 없는 사람'이라고 생각될지도 모릅니다. **그런 어려운 상대를 만날 때에는 '억지웃음'으로라도 상대가 좋아지도록 노력해봅시다.**

지금까지 제가 인터뷰해온 저명인사들 중에는 물론 불편한 분도 있었습니다. 매니저조차도 신경 쓰며 대하는 어떤 록스타는 전신을 검은색으로 치장하고, 자세는 구부정한 채 선글라스를 끼고 있어서 표정을 전혀 알 수 없었습니다. 또 거물급 배우를 둘러싸고 있는 사람들은 굉장히 신경을 곤두세우고 있었습니다. 미리 만나 의논을 할 때 눈을 쳐다보지 않는 사람도 많았습니다. 그럴 때 저는 인터뷰 전에 화장실에 가서 나름의 준비운동을 하곤 합니다. 거울을 보며 살짝 미소를 짓는 것입니다.

입꼬리를 살짝 끌어올려 웃어보면 왠지 모르게 기분이 나아집니다. 그렇게 30초간 미소를 지어보면 밝은 기분으로 스튜디오에 들어갈 수 있습니다. 그러면 그 누구를 만나도 두려움이 없어져 보다 즐겁게 인터뷰를 할 수 있습니다. 그것이 뇌의 특성에 따른 결과라는 것을 저는 한참이 지난 뒤에야 알게 되었습니다. **글쎄 뇌는 억지웃음과 진짜웃음을 구별할 수 없다는 것입니다.** 입꼬리를 끌어올려 억지로 웃는 얼굴을 만들면 뇌는 진짜 웃고 있는 줄로 착각한다는 것이지요. 그리고 뇌 속은 실제 웃는 얼굴일 때와 마찬가지가 되고 자연스레 기분도 밝아지게 됩니다. 그래서 어느 순간 억지웃음이 진짜웃음으로 바뀌어 있는 것입니다. 정말 편리한 착각이지요?

도대체 우리는 왜, 이제 막 만난 상대를 잘 알지도 못하면서 '어렵다'고 느끼는 걸까요? 그것은 과거의 기억 때문입니다. 예전에 만난 불편했던 사람과 닮아 있으면 같은 사람인 것처럼 어렵게 느껴집니다. 눈썹 모양이나 얼굴 윤곽, 체형이나 목소리 등 정말 자그마한 일부가 닮았을 뿐 전혀 다른 사람인데도 어렵다고 생각됩니다. 그것은 자신을 지키고자 하는, 아주 고마운 본능이라고 하는 것 덕분이지요.

우리 몸은 자신에게 상처를 입힌 사람과 닮아 있는 사람을 만나면 본능적으로 또다시 상처를 입을 가능성이 높다고 판단합니다. 그래서 당신으로 하여금 '어렵다'는 생각이 들게끔 하고, 경계심을 불러일으켜 방어해주는 것입니다.

예를 들자면 개에게 물린 경험이 있는 사람은 어느 개든 무서워하게 됩니다. 혹시 또 물려 아픈 기억이 되풀이되지 않도록 본능이 지키려 하기 때문입니다. 그런데 개라고 해도 사나운 개부터 차분한 개까지 종류나 성질에 따라 다양한 법입니다. 냉정하게 생각해보면 무턱대고 모든 개를 무서워할 필요는 없는 것이지요. 사람도 마찬가지입니다. 과거에 어렵다고 느꼈던 사람과 새로이 만난 바로 앞의 상대는 겉모습은 비슷할지언정 전혀 다른 사람입니다.

상대를 자세히 관찰해 어려운 사람이라는 편견을 떨쳐버리게 되었다면 상대의 좋은 점은 자연스레 떠오르겠지요? 또 '어렵다'고 느끼는 것을 그대로 믿어버리게 된 것처럼 '좋아한다'고 느끼는 것도 그리 될 수 있습니다. **어차피 어느 쪽이든 내가 마음먹은 대로 믿게 된다면 '좋다'는 쪽으로 마음먹는 것이 커뮤니케이션을 할 때 훨씬 편안해집니다.** 그렇게 생각되지 않으세요?

'좋다'는 마음이 들도록 하는 것이 바로 웃는 얼굴입니다. 웃는 얼굴은 우선 자신이 즐거워질 수 있는 비결입니다. 어려운 상대도 '그렇게 나쁜 사람이 아닐지도 몰라' 하고 생각할 수 있게 해주니까요.

모르는 사람과의 첫 대면은 누구에게나 긴장되는 순간입니다. 과거의 기억으로 인해 반사적으로 꿈틀거리는 의식을 당신이 먼저 차분하게 관찰하며 웃음으로 바꿔 호의를 보여주세요. 당신이 생긋생긋 웃어준다면 상대도 안심하고 '이 사람은 왠지 말하기 편할 것 같아'라고 느낄 것입니다.

- 처음 보는 사람이나 어려운 사람을 만나기 전에는 30초 동안 억지로라도 웃는 얼굴을 만들어라.
- 차분히 상대를 관찰하면 어렵다는 의식은 옅어지게 되어 있다.
- 웃는 얼굴을 하면 어려운 사람도 좋아지게 된다.

당최 안 좋은 부분만 보일 때에는 표현 방식을 바꿔보자

　몇 번을 만나도 불편하고, 아무리 좋은 면을 보려 노력해도 안 되는 그런 때에는 어떻게 하면 좋을까요? 마이너스가 되는 부분을 플러스가 되는 말로 바꿔서 상대가 좋아지게끔 하는 방법이 있습니다. 예를 들어 '말수가 너무 적어서 도대체 무슨 생각을 하고 있는지 알 수가 없어'라고 생각된다면, '차분하고 침착하며 신비로운 사람이다'라고 머릿속에서 바꿔 말해보는 것입니다. 단지 표현을 달리했을 뿐인데 정말로 그런 사람이라고 생각하게 되면서 어렵다고 생각했던 기억이 희미해지는 것을 느낄 수 있을 것입니다.

원래 장점과 단점은 보는 각도에 따라 달리 보일 뿐 뿌리는 같습니다. '장점이 곧 단점'이라는 이야기가 있듯이 장점도 때를 달리하면 보는 관점에 따라 단점이 될 수도 있습니다. 예를 들면 성실하다는 것은 좋은 뜻이지만, 때로는 시야가 좁고 완고해 융통성이 없는 것으로 비춰지기도 합니다. 영어에도 "Extremes meet(극과 극은 통한다)"라는 표현이 있는 것처럼 장점과 단점은 겉으로 보이거나 보는 방법은 달라도 근본은 같습니다.

저 자신도 단점이 장점으로 바뀌는 특별한 체험을 한 적이 있습니다. 저의 단점은 비판적이고, 남의 일에 쓸데없이 많이 참견하는 것입니다. 영화를 볼 때면 '저 스토리 전개는 마음에 와 닿지 않아', 식사를 할 때면 '국물이 미지근해' 등 우선 비판적인 생각이 저도 모르게 떠오릅니다. 떠오르는 단계에서 그치면 그나마 다행인데 그게 꼭 입 밖으로 나오는 게 문제지요.

제 입장에서는 건설적으로 개선점을 이야기할 요량이었기 때문에 나쁘다는 인식 자체가 없었습니다. 하지만 친구들은 저에게 "귀찮아", "그렇게 세세하게 신경 쓸 건 없잖아", "좀 좋게 봐줘"라고 말하곤 했습니다. 그래서 웬만하면 저도 참고 말하지 않으려고 노력했습니다. 그런데 도저히 말하지 않고서는 견딜 수 없는 일이 5년 전 일어났습니다. 중요한 프레젠테이션을 앞둔 지인의 리허설을 보고 그만 충고를 해버린 것입니다. '아뿔사' 하고 깨달은 순간, 그 지인은 오히려 자신이 몰랐던 것을 알려줘 대단히 고맙다고 했습니다. "더 얘기해줘요"라고 말하는 지인 앞에서 저는 물 만난 물고기마냥 신이 났습니다. 충고로 시작했던 이야기는 개선책을 구하고 있던 사람에게 가치 있는 말로 들렸던 것입니다. 이런 상황이 이어지면서 저에게 강연을 의뢰하는 사람들이 생기고, 책을 출판하게 되었으며, 어느덧 말하는 방법을 가르치는 것을 직업으로 삼게 되었습니다.

단점이란 그저 남과 다른 점일 뿐입니다. 상황이나 타이밍, 표현 방법만 달리하면 그것은 플러스가 되어 상대를 기쁘게 해주는 장점이 될 수도 있는 것입니다. **단점은 '미래의 장점'이자 적절한 상황과 방법이 잘 어우러진다면 장점이라고 하는 꽃을 피울 수 있는 꽃망울이라 할 수 있습니다.**

약점을 달리 말하는 것은 어휘력을 단련시키는 좋은 훈련이 될 수도 있습니다. '수다스러워서 좀 시끄러운 사람'이라고 느꼈다면 어떻게 표현할 수 있을까요? "말을 참 잘해", "사람을 편안하게 해주려는 서비스정신이 투철해"라고 바꿔 말할 수도 있겠지요? '언짢아 보여 좀 무서운 사람'이라면 "위엄이 있다"라든가 "참 당당해 보여"라고 말할 수도 있을 것입니다. '말을 지나치게 길게 하는 사람'에게는 "성실하게 의사 전달을 하고자 하는 마음가짐이 되어 있는 사람이구나"라고 바꿔 말할 수도 있습니다. 이렇듯 바꿔 말하는 법을 몸에 익히기 위해서는 부정을 긍정으로 바꾸는 표현을 사전에서 찾아보거나 인터넷 검색을 이용해보는 것도 좋을 듯합니다.

KEY POINT

- 부정적인 면은 긍정의 말로 바꿀 것
- 상대의 단점은 미래의 장점이 되기도 하는 법

"응가"라고 말하며
목구멍을 열어라

한참 동안 말없이 있다가 막상 누군가와 이야기하려고 했을 때 목소리가 잘 나오지 않았던 경험 없으신가요? 목은 살아 있는 악기, 결국 근육이기 때문에 사용하지 않다가 갑자기 소리를 내려 하면 잘 나오지 않을 수 있습니다. 스포츠 선수가 경기 시작 전에 준비운동으로 몸을 풀듯이 사람을 만나기 전에도 성대의 준비운동을 해두는 것이 중요합니다.

성대 준비운동으로는, 여러 가지 호흡이나 발성 연습이 있습니다. 그중 가장 간단하면서도 효율적인 방법이 있습니다. 예전에 장난으로 땅콩이나 팝콘을 위로 살짝 던진 다음 입을 벌려 받아먹는 연습을 다들 한 번쯤 해보셨지요? 받아먹기 전에 목젖을 열어두는 상태의 소리를 표현해보자면 "응가(조금 소리가 이상할 수 있겠지만)"입니다.

이 소리를 낼 때 약간 목구멍이 막히는 듯하지만, 실은 이 "응가"라고 하는 소리를 내면서 목의 가장 안쪽은 열립니다. 그래서 사람들과 말하기 전에 "응가"를 반복해보는 것이 좋습니다. 알파벳으로 써보자면 'nguh'가 가장 근접한 발음이라 할 수 있습니다.

좀 더 알기 쉽게 설명하자면 입속에 쏙 넣은 삶은 달걀을 입 밖으로 탁 떨어뜨리듯이 "응가"라고 말해보세요. 가능하면 다양한 높낮이로 소리를 낼수록 목구멍이 더욱 열리게 됩니다.

이 "응가"라는 소리가 저를 살려준 것은 어느 텔레비전 방송의 내레이션 녹음 때였습니다. 그날은 컴퓨터 모니터를 보며 아침부터 몇 시간째 누구와도 말하지 않은 채 일에 집중하고 있었습니다. 그러다 스튜디오에 갈 시간이 되어버렸지요. 하루 종일 한마디 말도 입 밖에 내지 않은 채 스튜디오에 도착한 시간은 밤 9시. 곧바로 내레이션 녹음을 시작했습니다. 그런데 웬일인지 목소리가 잘 나오지 않는 것이었습니다. 제작진들도 '이 상태라면 녹음을 해도 건질 게 없겠는데요'라는 듯한 얼굴을 하고 있었지요.

저는 안 되겠다 싶어 5분 정도 시간을 내어 목소리를 가다듬기 위해 "응가" 소리를 반복했습니다. 그러자 목소리가 살아나기 시작했습니다. 만족할 만큼은 아니었지만 그런대로 방송을 할 정도의 목소리로 돌아와 무사히 녹음을 마칠 수 있었습니다. 준비운동의 소중함을 뼈저리게 느끼며 터득한 순간이었습니다.

그 후 저는 목소리 준비운동을 하루도 빠짐없이 하고 있습니다. 꼭 일을 할 때뿐만 아니라 **사람을 만나기 전에 소리를 내어두는 것만으로도 그 장소의 분위기를 이끌어갈 수 있는 마음의 준비를 갖출 수 있게 됩니다.**

영업을 하는 사람들의 경우 손님을 만나러 가기 전에 한마디라도 소리를 내지 않으면 활기차게 인사를 하려 해도 목소리가 잘 나오지 않을 수 있습니다. 그러면 상대의 페이스에 말려 상대를 주인공으로 만들 수 있는 대화를 하기는 더더욱 어려워지겠지요.

좋아하는 음악을 들으며 노래를 따라 부르거나, 가족이나 직장 동료들과 함께 수다를 떠는 것만으로도 충분합니다. 소리를 내어두는 것만으로 목구멍도, 마음도 따뜻하게 데워집니다.

저는 아침 8시 반에 시작하는 방송을 하는 날이면 스튜디오로 향하는 차 안에서 소리를 내기도 하고, 스튜디오에 도착해서는 가능한 한 제작진들과 많은 대화를 하며 웃으려 합니다. 그렇게 하면 방송이 시작되는 순간 "좋은 아침입니다" 하고 밝은 목소리가 튀어나와 그 무대를 만들어가는, 달리 표현하면 그 공간의 분위기를 이끌어가는 지휘자가 될 수 있기 때문입니다. 사람을 만나기 전에 몸가짐을 단정히 하듯이 목소리도 준비해둡시다.

KEY POINT

- 사람들을 만나기 전에는 여러 가지의 높낮이로 "응가"라고 말하며 목구멍을 열어두어라.
- 목소리를 내는 것만으로 목도, 마음도 준비가 완료된다.

1 상대방의 호의를 받으려면?

☐ 상대의 좋은 점을 찾아 솔직하게 전할 것

☐ 사전에 3가지 정도를 조사해둘 것
   ① 자신과의 공통점 ② 좋아하는 점 ③ 묻고 싶은 것

☐ '좋아하는 점'을 전할 자신만의 말을 찾아둘 것

☐ 상대의 마이너스가 되는 부분을 플러스가 되는 말로 바꿀 것

☐ 다양한 높이의 소리로 "응가"라고 말하며
   목구멍을 열어둘 것

2장

상대가 이야기하기
편한 분위기를 만들어라

CREATE A PLEASANT
ENVIRONMENT FOR CONVERSATION

시선을 맞춘 후
이야기를 시작하라
분위기를 훈훈하게 만들기 위한 1단계

상대를 좋아하게 되었다면 이제 상대를 주인공으로 세울 수 있는 무대를 만들 차례입니다. 상대가 '안심하고 이야기하고 싶은 것을 말할 수 있는 공간'을 제공해주는 것입니다. **그러기 위해서는 내가 먼저 말을 걸어주어야 합니다.** 기본적으로 누구든지 간에 자신이 먼저 말을 걸기보다 누군가 말을 걸어주길 바라게 마련입니다. 자신이 먼저 말을 걸기에는 어느 정도 용기가 필요한 법이거든요.

'지금 말을 걸면 방해가 되는 건 아닐까?'

'나 같은 사람이 말을 걸면 상대해줄까?'

'먼저 말을 걸긴 했는데 중간에 이야기가 끊기면 어떡하지?'

누구든 상대가 과연 자신을 받아들여줄까 불안한 마음을 가지고 있습니다. 그러하기에 먼저 말을 걸어주는 것은 그것 자체로 이미 상대에게는 선물이 됩니다. 누군가 먼저 말을 걸어주면 기분이 좋습니다. 유명한 사람은 파티에서 가만히 서 있기만 해도 여러 사람이 다가와 말을 겁니다. '말을 걸어준다'라고 하는 선물을 듬뿍 받는 것입니다. **주인공이란 스스로 말을 거는 것이 아닌 누군가가 말을 걸어주는 존재인 것입니다.**

실패하지 않으며 말을 걸 수 있는 방법은 단 하나! 시선을 마주치는 것입니다. **우선 시선을 마주쳐 나란 존재를 깨닫게 하는 것이 중요합니다.** 시선을 마주치는 순간 상대는 무의식적으로 말을 걸어올 것에 대한 준비를 하게 됩니다. 그 결과 안심하고 당신의 이야기를 받아들이게 됩니다. 만일 뒤에서 갑자기 말을 걸어와 깜짝 놀라게 되면 상대는 예측하지 못한 사태에 대처하려 무의식적으로 경계 태세를 갖추게 됩니다. 그러면 마음을 쾅 닫아버린 상태에서 대화를 시작하게 되겠지요. 그러므로 우선 상대와 시선을 마주친 후 이야기를 풀어나가길 바랍니다.

　나란 존재를 상대가 인식하는 것은 대화의 분위기를 만들어가는 첫걸음이 됩니다. 제가 이러한 사실을 깨닫게 된 것은 거리에서 전혀 알지 못하는 사람에게 말을 걸었을 때였습니다. 원래 낯가림이 심했던 저는 누군가에게 말을 거는 것이 굉장히 어려웠습니다. 모르는 사람과는 이야기하고 싶지 않다고 생각했었으니까요. 하지만 커뮤니케이션 능력이 향상되면서 모르는 사람에게도 자연스레 말을 걸 수 있게 되었습니다. "안녕하세요", "날씨가 춥네요" 등 등산을 할 때 모르는 사람과 말을 주고받기도 하고요. 하지만 산이 아닌 거리에서였기 때문에 처음에는 상대가 놀란 표정으로 바라보거나 무시를 한 적도 있었습니다. 그런데 눈을 마주치고 나서 인사를 하자 같이 인사해주는 사람들이 늘어났던 것입니다. '눈을 마주치면 말을 걸어올 것에 대한 준비를 할 수 있다'는 것을 그때 체험했습니다.

　시선을 마주치기 전에 말을 걸면 상대는 순간 굳어버립니다. 게다가 보이지 않는 뒤에서 말을 걸어올 때에는 더더욱 그렇습니다. 갑자기 일어난 사태에서 자신을 지키려 대부분의 에너지를 사용해버립니다. 상대가 에너지를 당신의 이야기를 듣는 것에 사용하도록 해야 합니다.

모임이나 다양한 파티에서도 마찬가지입니다. 많은 사람이 모여 있는 공간에서 말을 걸 때에는 우선 상대에게 시선을 향해야 합니다. 그때 마음속으로 '안녕하세요. 당신과 이야기하고 싶습니다. 이쪽을 봐주지 않으시겠습니까?'라고 말하면 보다 부드러운 시선으로 상대를 바라볼 수 있게 될 것입니다. 그러면 시선을 느낀 상대는 아마도 이쪽을 바라볼 것입니다. 바로 그 순간이 말을 걸어야 할 때입니다. 이때 주저하게 되면 대화의 장을 만들 수 없습니다.

웃는 얼굴로 "안녕하세요"라고 말을 걸면 드디어 무대의 막이 열리게 됩니다. 직장에서 상담을 할 때나 미팅을 할 때에도 마찬가지로 눈을 마주치면서 시작해야 합니다. 약속 장소에 나타난 상대에게 인사하기 전에, 명함 교환을 하기 전에, 가벼운 농담이나 잡담을 시작하기 전에 눈을 마주치는 것만으로 상대는 당신의 이야기를 받아들일 준비를 하게 될 것입니다.

- 상대를 주인공으로 만들기 위해서는 먼저 내 쪽에서 말을 걸어라.
- 이야기를 시작하기 전에 우선 꼭 시선을 마주치면서 말을 걸 신호를 보내라.
- 시선을 마주친 순간에 주저 말고 웃는 얼굴로 인사하라.

밝게 웃는 얼굴,
밝은 톤의 목소리로 말을 걸어라

분위기를 훈훈하게 만들기 위한 2단계

시선을 마주쳤다면 다음은 인사를 할 차례입니다. 처음부터 무얼 말하면 좋을지 어렵게 생각할 필요는 없습니다. 우선은 인사를 하는 것만으로 충분합니다.

인사말은 시간과 상황에 따라 정해져 있으니 간단하지요. 아침이라면 "안녕하세요", 식사시간이라면 "식사 맛있게 하세요", 밤이라면 "안녕히 주무세요" 등.

인사를 할 때 중요한 것은 '무엇을 말하느냐'가 아닙니다. '어떻게 말하느냐'가 중요합니다. 왜냐하면 **인사할 때의 목소리 톤**

이 대화의 출발점을 결정하기 때문입니다.

예를 들어 정말 자신 없는 듯 작은 소리로 "안녕하세요"라고 말을 걸면 상대도 거기에 맞춰 자그마한 소리로 말하게 됩니다. 무의식적으로 맨 처음 던져지는 볼에 맞추려 하기 때문입니다. 첫 번째 내뱉는 소리가 이야기의 흐름을 결정하는 기준이 되는 것입니다.

아침에 눈을 떠 맨 처음 듣게 되는 음악은 그날 오전의 기분을 좌우하게 된다는 말을 들은 적이 있습니다. 그 정도로 가장 첫 번째 소리는 큰 영향력을 갖고 있습니다. 그러므로 **활기 있는 대화를 시작하기 위해서 무엇보다 중요한 것은 활기 넘치는 목소리로 인사를 하는 것입니다.**

누구라도 자연스레 밝은 톤의 목소리를 낼 수 있는 간단한 방법이 있습니다. 그것은 바로 웃는 얼굴을 하는 것입니다. 입꼬리를 살짝 올린 상태에서 목소리를 내면 자연스레 밝은 톤의 목소리가 됩니다. 화난 얼굴로 밝은 톤의 목소리를 낸다는 것은 쉽지 않고, 반대로 웃는 얼굴로 어두운 목소리를 내는 것 또한 불가능합니다. 표정이 목소리의 색깔을 결정하기 때문입니다.

밝게 웃는 얼굴로 인사하는 것, 너무도 당연한 말 같겠지만 사실 실천하는 사람이 그렇게 많지 않습니다. 이 글을 쓰고 있는 저 역시도 실제로는 그러지 못했습니다. 그 사실을 알게 된 것은 최근입니다.

얼마 전 지인의 권유로 유명한 건설회사에 견학을 갔을 때의 일입니다. 거기에는 이제껏 제 인생에서 본 적 없는 광경이 펼쳐져 있었습니다. 사원들이 모두 마음에서 진심으로 우러나오는 웃음을 짓고 있었던 것입니다. 20대부터 70대에 이르기까지 남성, 여성 할 것 없이 모두가 마음에서 우러나오는 웃음을 짓고 있는 직장을 저는 그때 처음 보았습니다. 그리고 그 따스함에 저도 모르게 눈물이 흘렀습니다. 웃는 얼굴에 감동해 눈물이 나오다니 상상조차 할 수 없던 일이었습니다. 그런 직원들의 모습을 보고 저는 깨달았습니다.

'나의 웃는 얼굴은 진짜 웃는 얼굴이 아니었어. 마음에서 우러나오는 웃음을 짓는 사람들은 이런 얼굴을 하고 상대에게 이런 마음이 들게 하는구나.'

그곳의 많은 분들이 저에게 깨달음을 주었습니다.

한번은 웃는 얼굴에 대해 〈화법학교〉에서 일종의 실험을 했습니다. 먼저 서로 잘 모르는 학생이 다섯 명씩 모여 그룹을 만든 다음 자기소개를 하도록 했습니다. 그러고서 눈을 감게 한 후

"지금 자신이 웃는 얼굴로 대했다고 생각하는 사람은?"이라고 묻자 그중 8할 정도가 손을 들었습니다. 학생들 대부분이 자신은 웃는 얼굴로 대했다고 생각하는 것이었습니다. 이어서 "자신의 그룹에서 웃는 얼굴이었던 사람은 몇 명 있었습니까? 손가락으로 그 숫자를 알려주세요"라고 하자, 그 수는 2~3명 정도로 그룹 전체의 절반 정도에 그쳤습니다. 자신은 웃고 있었다고 생각하지만 정작 옆에서 볼 때에는 웃고 있지 않다고 생각하는 사람이 많음을 알게 되었습니다.

우리들은 거울 없이는 자신의 얼굴을 보기가 어렵습니다. 웃고 있다고 생각되는 순간 실제 당신의 얼굴은 어떤 표정을 짓고 있을까요? 주변에서는 잘 볼 수 있지만 정작 자신의 얼굴이 어떤지는 알 수 없습니다. 그래서 미국의 레이건 대통령은 매일 아침 집을 나서기 전에 웃는 얼굴을 연습했다고 합니다. '웃고 있다고 생각하는 얼굴'이 실제로는 어떻게 보이는지 확인하며 마음에서 우러나오는 웃는 얼굴에 익숙해지도록 연습을 했던 것입니다.

웃는 얼굴을 연습하기에는 아침 시간이 가장 좋습니다. 뇌에서 '웃는 얼굴로 하루가 시작되었다'라고 인식하면서 실제로 하루를 상쾌하게 시작할 수 있기 때문입니다.

거울 앞에서 입꼬리를 살짝 올린 후 미소를 지어보세요. 평소 잘 웃지 않는 사람은 안면 근육이 부르르 떨리거나 실룩실룩할지도 모릅니다. 그것은 근육이 굳어 있다는 증거입니다. 계속 연습하다 보면 부드럽게 움직일 수 있게 될 테니 안심하고 꾸준히 연습해보세요. 얼굴 근육이 심하게 굳어 있을 때에는 양손으로 마사지를 하며 풀어주는 것도 좋습니다.

저는 매일 밤, 욕조에서 목욕을 하며 얼굴 근육을 풀어줍니다. 얼굴이 나도 모르게 긴장을 하고 있어 쉽게 피로해지기 때문입니다. 얼굴 근육이 부드러워져야 부드럽게 웃는 얼굴을 만들어낼 수 있습니다. 눈을 마주치고 웃는 얼굴로 인사하는 것, 그것이 상대를 주인공으로 만드는 대화의 중요한 첫걸음입니다.

KEY POINT

- 인사는 어떻게 하느냐가 중요하다.
- 웃는 얼굴로 발성하면 밝은 톤의 목소리가 나온다.
- 하루를 웃는 얼굴로 시작하라.

신체의 방향으로
흥미가 있음을 나타내라

분위기를 훈훈하게 만들기 위한 3단계

눈을 마주치고 웃는 얼굴로 인사를 했다면 드디어 대화를 시작할 때라고 생각하고 싶겠지만 그전에 신체의 각도를 확인해야 합니다. 과연 당신의 몸은 '몇 퍼센트'나 상대를 향해 있을까요?

시선을 마주친다고 해도 안구만을 움직이는 사람도 있고, 얼굴을 조금만 상대에게 향하는 사람도 있습니다. 목부터 머리 전체를 움직여 시선을 맞추는 사람도 있지요.

여러분의 경우 보통 몸통은 어디를 향하고 있나요? 무릎은 상대를 향해 있나요?

웃는 얼굴로 인사를 한다 해도 신체가 향하는 방향에 따라 상대를 어느 정도의 주인공으로 만들 수 있을지가 달라집니다. 상대를 향한 당신의 신체 표면적이 상대에 대한 흥미 정도를 나타내기 때문입니다.

아마도 누군가의 이야기를 듣고 있을 때 신체가 어디로 향하는지 따위는 별로 생각해본 적이 없을 것입니다. 하지만 상대는 무의식중에 당신의 신체가 자신에게 향해 있는 만큼 이야기하기 편하다고 느낍니다. 당신의 신체가 '이야기를 잘 듣고 있습니다'라는 메시지를 보내고 있기 때문입니다.

실제로 다른 이의 이야기를 잘 들어주는 사람들을 자세히 관찰해보면 전신이 상대를 향해 있는 것을 알 수 있습니다. 그렇다고 해서 그들이 의식적으로 그렇게 행동하는 것은 아닙니다. 진심으로 '이야기를 더 듣고 싶다'고 생각하기 때문에 자연스레 그렇게 행동하게 되는 것입니다. **듣고 싶어 하는 만큼 신체는 해바라기가 태양을 향하는 것처럼 자연적으로 상대를 향하게 되는 것입니다.**

앉아 있을 때에는 의자의 각도를 바꿔 신체가 상대를 향하도록 해야 합니다. 꼭 정면으로 앉을 필요는 없습니다. 옆으로 앉아도 120도 정도의 위치에서 무릎을 상대 쪽으로 돌려 신체가 상대를 향하도록 해야 합니다.

저는 사람들 앞에서 이야기를 할 때마다 듣는 사람의 신체 방향 하나로 말하기가 얼마나 편해질 수 있는지 느끼곤 합니다. 테이블이 띄엄띄엄 동그랗게 배치되어 있어 듣는 사람들의 신체가 여기저기로 향하게 되는 때보다 부채 모양으로 되어 있어 모두가 저를 향해 있을 때가 훨씬 집중이 잘됩니다. 그러면 듣는 사람들도 집중력이 향상되어 그 공간에 있는 모든 사람들이 일체가 됩니다. 그래서 제가 의뢰를 받아 강연을 진행할 때에는 우선 의자의 배치에 신경을 씁니다. 듣는 사람의 신체가 말하는 사람을 향하도록 의자를 배치하는 것만으로도 말하는 사람의 흥이 돋아날 수 있기 때문입니다

회화라고 하면, 말의 내용에 의식이 들어가게 마련이긴 하지만 의사를 전달하는 수단은 말뿐만이 아닙니다. 시선, 신체의 방향 등 비언어적인 메시지가 오히려 의사 전달을 더 확실하게 할 때도 있습니다. 하지만 이 비언어적인 부분은 평소에 의식하지 않으면 제대로 표현하지 못할 수도 있습니다.

신체의 각도는 본인이 알아차렸을 때 바로 바꿀 수 있습니다. 우선은 자신의 신체가 어디를 향하고 있는지, 표면적의 몇 퍼센

트가 상대 쪽을 향해 있는지 이야기가 시작되었다면 확인해보세요. 그것을 알아차리는 것이 변화의 첫걸음입니다.

- 내 몸의 방향이 얼마나 상대를 향해 있는지가 흥미의 정도를 알려주는 포인트다.

긍정의 말을
끌어내라

분위기를 훈훈하게 만들기 위한 4단계

눈을 마주치고, 웃는 얼굴로 인사하고, 그런 다음 몸을 상대에게 향했다면 드디어 대화를 시작할 때입니다. 처음에는 상대와 자신이 공유하는 일에 대해 먼저 이야기를 풀어가는 것이 좋겠지요?

바쁜 비즈니스 현장에서는 누구라도 서론은 집어치우고 바로 본론으로 들어가고 싶겠지만, 우선 공유하는 사실을 바탕으로 이야기를 나눠야 그 분위기가 따뜻해집니다.

영화를 볼 때도 마찬가지지요? 항상 예고편으로 분위기를 띄

웁니다. 잘 생각해보면 어둡고 폐쇄된 공간에서 전혀 알지 못하는 사람들과 함께 허구의 세계로 들어가는 것이기 때문에 갑자기 본론으로 들어가면 조금은 당황스러울 수 있습니다. 예고편이라고 하는 것은 본론으로 들어가기 전에 일상적이지 않은 영상이나 소리, 공간을 공유하며 서서히 몸과 마음이 익숙해지도록 하는 것입니다.

대화를 할 때 공유하고 있는 사실을 나누는 것만으로도 분위기를 훈훈하게 만들어갈 수 있습니다. 가령 날씨나 눈앞에서 벌어지고 있는 일 등 그 장소에서 공유할 수 있는 것이면 어떤 것이든 상관없습니다. 그리고 상대에게 긍정의 말을 끌어내는 것입니다.

TV 프로그램 중에 〈웃어도 좋고말고〉라는 방송이 있습니다.

"오늘도 꽤 쌀쌀하네요."

"네, 그렇네요."

"그런데도 여러분은 얇게 입으셨네요."

"그러게요."

"속옷을 안 입으신 분도 계신데요?"

"그러게요."

이 프로그램에서는 항상 시작 부분에 진행자가 게스트와 공유하고 있는 사실을 툭툭 던지며 "그러게요"라는 말이 나오도록 주거니 받거니 하곤 합니다. 그러면 방청객들은 "그렇네요, 그러게요"라고 하는 긍정의 말을 입으로 반복해가며 자신도 모르게 상대의 말을 받아들일 준비를 하게 됩니다.

함께 있는 그 자리에서 우선 공유하고 있는 사실을 찾아야 합니다. 정말 눈앞에 보이는 사사로운 것이어도 좋습니다. 공유하기 가장 쉬운 것은 뭐니 뭐니 해도 날씨겠지요?

"오랜만에 기온이 내려갔네요."
"오늘 최고 기온이 17도래요."

이어서 지금 있는 장소 또한 긍정의 말을 끌어내기 쉬운 테마입니다.

"정말 넓고, 새로운 회의실이네요."
"앞에 산이 정말 잘 보이네요."

"천장이 높아서 답답하지 않고 탁 트인 느낌이 드네요."

앉아 있는 의자나 테이블도 소재거리가 될 수 있습니다.

"이 의자는 정말 푹신푹신한데요."
"정말 잘 다듬어진 유리 테이블이네요."

마시고 있는 차나 그릇도 공유할 수 있는 것들이지요.

"향이 정말 좋은 차네요."
"들기 편한 컵이네요."

전혀 어렵게 생각할 필요 없습니다. "아니요"라는 말이 나오지 않을 정도의 사실을 찾아내어 표현하는 것으로 충분합니다. 전시회나 세미나에서는 눈에 보이는 것이 풍부하기 때문에 공유하고 있는 사실을 찾기가 더욱 쉽겠지요.

"저 부스는 인기가 많은데요?"
"올해는 출전 부스의 수가 예년보다 훨씬 많네요."

"오늘은 모두 일찍들 오셨네요."

모르는 사람들이 많은 파티에서는 주최자나 요리 등에 대해서도 공유할 수 있지요.

"(일본 술을 음미하는 모임의 경우) 오늘은 진귀한 일본 술을 마실 수 있다고 하죠?"
"주최자 ○○○ 씨, 오늘은 평소와 달리 기모노네요."
"오늘은 요리의 종류가 정말 다양한데요?"
"디저트가 나온 것 같군요."

이처럼 상대도, 나도 보고 있는 눈앞의 사실을 말로 표현하면 상대는 "그렇군요"라고 대답해주지요. 긍정적인 말을 반복해가는 사이, 상대는 안심하고 편안해짐을 느끼며 당신의 이야기를 받아들일 마음의 준비를 하게 됩니다.

이때 조금만 주의를 주자면, 공유하고 있는 부정적인 사실을 말하지 않도록 할 것. 이제 막 만난 사람에게 부정적인 말을 하게 되면 동의할 사람은 거의 없습니다. 대화는커녕 상대가 불쾌감을 느껴 분위기가 썰렁해질 수도 있습니다.

(×) "이 회의실은 너무 넓네요."
(×) "오늘은 요리도 몇 가지 없네요."

또한 사실을 말한답시고 자신의 생각만을 말했다가 그로 인해 그 공간에서 대립하게 될 가능성이 높아지는 경우도 있습니다.

(×) "주최자 ○○○ 씨, 오늘은 평소보다 어깨에 힘이 좀 들어갔는데요?"

'힘이 좀 들어갔다'는 것은 있는 그대로의 사실이 아닙니다. 상대의 언동이나 헤어스타일, 의상 등의 사실을 자기 나름대로 판단해 내린 의견입니다. 사실을 어떻게 받아들이느냐 하는 것은 사람에 따라 다르기 때문에 어쩌면 "그래요? 저는 그렇게 생각하지 않는데요?"라는 반론이 나올 수도 있습니다. 물론 상대가 실제로 그 반론을 말로 표현하지는 않을 수도 있지만, 속으로 그런 생각을 갖게 되는 것만으로도 그 공간의 분위기는 어색해지기 쉽습니다.

처음 시작은 아주 사소한 것이어도 좋습니다. 자신의 생각은 조금 더 편하게 이야기를 할 수 있는 훈훈한 분위기가 형성될 때까지 기다린 다음에 말해도 늦지 않습니다.

- 첫 대면에서는 공유하고 있는 사실을 이야기하며 "그렇군요"라는 말을 끌어내라.
- 비판이나 주관보다는 있는 그대로의 사실을 말하며 훈훈한 분위기를 만들어라.

질문하기 전에
답을 먼저 말해 안심시켜라

분위기를 훈훈하게 만들기 위한 5단계

웃는 얼굴로 인사를 하고 "그렇네요"라는 대답으로 긍정의 분위기가 형성되었다면 이제는 질문을 할 차례입니다. 질문은 "그렇네요"라는 긍정의 말을 끌어낸, 공유하고 있는 사실과 연관 있는 것부터 시작하는 것이 자연스럽겠지요? 이때 상대가 안심하고 대답할 수 있는 질문 비결이 있습니다. **질문에 대해 자신의 답을 먼저 말하는 것입니다.**

예를 들자면 이런 경우입니다.

"천장이 높아서 답답하지 않고 탁 트인 느낌이 드네요.〔공유 사실〕"

"그렇네요.〔상대의 공감〕"

"여기 온 것은 처음입니다만, 이전에도 오신 적 있으신가요?〔질문〕"

이 질문을 '자신의 대답'과 '질문하고 있는 부분'으로 나누어 볼까요?

"(저는) 여기에 온 것은 처음입니다만,〔자신의 대답〕 당신은 이전에도 오신 적 있으신가요?〔질문〕"

괄호 부분은 생략되어 있는 주어입니다. 보통 주어를 생략하고 말하지만 여기서 주어를 명확하게 표현하면, "저는 ○○○입니다만, 당신은 ○○○입니까?"라고 자신의 대답을 먼저 말하고 있는 것을 아시겠지요? 먼저 대답을 말함으로써 마음속을 보여주었기 때문에 상대는 안심하고 질문에 답을 할 수 있습니다. 그러지 않고 갑자기 질문부터 시작하게 되면 상대는 불안감을 갖게 됩니다.

예를 들어 이런 질문을 받는다면 상대는 어떻게 생각할까요?

"천장이 높아서 답답하지 않고 탁 트인 느낌이 드네요. 이전에도 와보신 적 있으신가요?"

물론 상황이나 말투에 따라 다르겠지만, 상대는 거래처 담당자로 그 장소에 여러 번 와봤을 가능성이 있다고 가정해봅시다. 당신이 자신의 답을 먼저 말하지 않을 경우, 상대는 이런 불안을 느낄 수가 있습니다.

'응? 이건 뭐지? 제대로 기억하고 있는 건지 테스트하는 건가? 아마도 온 적이 있었던 것 같기도 한데, 기억이 확실치 않단 말이야. 그렇다고 대답했다가 언제였냐고 물어보면 어떡하지? 정확히 생각이 잘 안 나는데……. 그런데 도대체 이전에 와본 적이 있는지는 왜 묻는 거지?'

질문에 대답하려 할 때 우리는 자신의 대답을 상대가 어떻게 생각할지에 대해 잠시 생각하게 됩니다. 그리고 무엇을 어디까지 이야기하는 것이 좋을지 자신의 안전영역을 찾게 됩니다. 이때 당신이 자신의 대답을 먼저 전해두면 상대가 '여기까지는 이야기해도 될 것 같아'라고 허가를 받은 듯한 기분을 느껴 안심하고 대답을 하게 됩니다.

> "**향이 참 좋은 차네요.**〔공유 사실〕"
> "**그렇네요.**〔상대의 공감〕"
> "**(저는) 항상 커피만 마셔서 자세히 잘 모르겠는데…,**〔자신의 대답〕 (당신은) **이게 무슨 차인지 알고 계신가요?**〔질문〕"

이 경우 당신이 '차에 대해서는 잘 모른다'고, 자신에게 차에 대한 지식이 없음을 전함으로써 상대는 지식이 별로 없어도 말해도 된다는 허가를 받은 듯한 느낌을 가질 수 있습니다. 당신이 대답한 범위가 상대에게 있어서는 안전영역이 된다고 할 수 있습니다. 우리들은 이처럼 이야기를 주고받는 사이에 무의식적으로 안전영역을 확인하곤 합니다. 그러하기에 서로 상대를 잘 모를 때 대답을 먼저 말하고 질문을 하는 것은 굉장히 효과적입니다.

'어디까지 솔직하게 이야기해도 좋을까?'

'이제 막 만난 사람에게 왜 그런 질문을 받아야 되지?'

　상대는 당신의 질문에 대해 불안이 가득할 수 있습니다. '잘 모르겠다'고 생각되는 상태는 '어디까지?', '왜?' 등과 같은 의문을 던지며 상대에게 불안감을 안겨줄 수 있다는 것을 꼭 기억해두시기 바랍니다.

KEY POINT

- 자신의 생각을 먼저 말해주면 상대는 안심한다.
- '잘 모르겠다'고 느끼는 것은 불안의 증거다.

예상 밖의
대답도 받아들여라

상대가 이야기에 응해주지 않을 때 어색함 탈출법 ①

어느 식사 모임에 참석했을 때의 일입니다. 한 남성이 가까운 테이블에서 와인을 마시고 있는 여성에게 말을 걸었습니다.

남성: "와인 좋아하세요?"
여성: "아니요."

이런 식으로 상대가 대화에 응해주지 않을 때 대화는 멈춰버리고, 어찌할 수 없는 어색함이 흐르지요. 그런 때 초조해하지 말고 다음의 말을 떠올려주세요.

'어떠한 대답이라도 받아들이자.'

우리는 누구나 자신의 말을 상대가 받아들여주길 바랍니다. 그것은 말하고 싶어 하지 않는 듯이 보이는 사람도 마찬가지입니다. 오히려 그런 사람이야말로 받아들여주길 바라는 마음이 강한 법입니다. 상대에게서 '어떤 대답이 돌아오더라도 우선 받아들이자'라고 생각하십시오. 그런 다음 상대에게 그 마음을 전달해야 합니다. 즉, 자신이 들은 것을 말로 표현하는 것입니다.

"그렇습니까? 와인을 좋아하지 않으시는군요."

상대의 "아니요"라는 대답에 이와 같이 말함으로써 동요하고 있던 당신의 마음도 차분히 가라앉힐 수 있을 것입니다. 그러면 상대도 자신의 대답이 받아들여졌다고 느끼며 안심을 합니다. 자신의 의견이 받아들여졌다고 생각되면 마치 자신의 존재가 받아들여진 것처럼 생각되어 기분이 좋아집니다. 반대로 거절당한다면 '나'라고 하는 존재감까지 거부당한 듯한 느낌이 들게 됩니다. 그러하기에 **어떠한 대답이 돌아오더라도 상대가 느낄 수 있도록 표현하는 것이 중요합니다.**

누군가는 '일일이 말로 표현하지 않아도 제대로 듣고 있는데 뭣하러?'라고 생각할지도 모릅니다. 확실히 하나하나 말로 표현하는 것은 귀찮은 일입니다. 하지만 말로 표현하지 않으면 상대가 어떻게 '제대로 듣고 있다'는 것을 알 수 있을까요?

당신이 흘려듣고 있는지, 그렇지 않으면 제대로 듣고 있는지는 당신 자신만 알 수 있습니다. 상대에게 당신의 마음은 보이지 않기 때문입니다. 단지 보이는 것은 당신의 말과 행동, 결국 언동입니다. 보이지 않는 마음은 언동으로 표현하지 않으면 상대에게 전해지지 않습니다. 어떠한 대답이 돌아오더라도 우선은 사실 그대로 마음속으로 받아들이고 이를 말로써 전해야 합니다. 이것이 질문을 던질 때 가장 중요한 원칙입니다.

KEY POINT

- 예상 밖의 대답이 돌아오더라도 받아들이기로 마음먹으면 동요하지 않는다.
- 상대의 대답을 반복함으로써 그 뜻을 받아들였다는 것을 전할 수 있다.

감정을 솔직하게
말로 표현하라

상대가 이야기에 응해주지 않을 때 어색함 탈출법 ②

예상 밖의 대답에 갑자기 무얼 어떻게 이야기해야 할지 모를 때 사람들은 대부분 '아, 여기서 제대로 된 말을 해줘야 할 텐데', '좋은 말을 해주지 않으면 안 되는데'라는 식으로 생각을 하게 됩니다. 그 생각들이 말로 나올 길을 차단해버리게 되는 겁니다.

남성: "와인을 좋아하시나 봐요?"
여성: "아니요."

이때 여성이 와인을 마시고 있으니까 아마 와인을 좋아할 거라 생각하고 질문한 당신은 "아니요"라는 답에 당황하겠지요. 말을 이어서 할 수 없다는 것은 적당히 표현할 말을 잃을 정도로 감정이 움직인 것이라고 할 수 있습니다. 이때 '제대로 된 말로 표현해야지'라는 생각을 하기에 앞서 동한 감정을 그대로 말로 표현하면 됩니다. 우선 상대의 대답을 받아들이는 것입니다.

"그렇습니까? 와인을 좋아하지 않으시는군요."

그다음 솔직하게 감정을 표현하면 됩니다.

"와인을 마시고 계셔서 좋아하실 거라 생각했습니다."
"와인을 좋아하지 않으시는데 오늘은 어떤 일로 와인을 마시고 계십니까?"
"와인을 마시고 있는 모습이 상당히 어울리는데 좋아하시지 않는다니 깜짝 놀랐습니다."

놀란 감정을 이런 식으로 솔직하게 말로 표현하면 대화는 자연스레 이어집니다. 당신이 자연스럽게 받아들여야 대화도 저절로 이어지게 되는 것입니다. 하지만 아무리 그렇다 하더라도 평소 감정 표현에 익숙하지 않은 사람에게는 이것만큼 어려운 일이 또 없겠지요.

어릴 때부터 "그렇게 말하고 싶은 대로 다 말하는 거 아니야", "차분하게 앉아 있어야지"라는 식의 말을 들어오며 '감정을 표현하지 않는 것이 좋은 것'이라고 교육받아온 사람의 경우 감정과 말을 이어주는 회로가 굉장히 가늘게 형성되어 있습니다. 또 자신의 말에 누군가 깊은 상처를 받은 적이 있는 사람이나, 학교나 회사에서 감정을 억누르고 살아온 사람의 경우 생각하는 것을 그대로 말해보는 일에 익숙해지기까지는 조금 시간이 필요할지도 모릅니다. 하지만 누구나 노력하면 언젠가는 꼭 할 수 있게 됩니다.

감정을 표현하는 데 능숙한 사람이라면 이 내용을 건너뛰고 다음 내용을 읽어 내려가도 좋습니다. 그리고 감정을 표현하는 것이 어려운 사람은 우선 신체의 어느 부분에서 감정을 느끼고 있는지 찾아가는 것에서부터 시작해주세요.

몸에서 감정을 느낀다는 것이 무엇을 뜻하는지 선뜻 이해되지 않을 수도 있는데요, 예를 들면 긴장할 때 당신은 어디에서 긴장을 느끼나요? 손에 땀이 난다거나, 목이 바싹 타들어간다거나, 심장이 쿵쾅쿵쾅 뛰거나, 손 또는 목, 심장에서 긴장하고 있는 기분이 느껴지지 않나요? 마음은 볼 수 없지만 감정은 신체 반응을 통해 표현을 합니다. 그러므로 우선 자신의 신체에서 느끼는 감정부터 찾아가는 것이 중요합니다.

감정에는 좋고 나쁨이 없습니다. 어떤 의견을 듣고 '재미있을 것 같아'라고 즐거움을 느끼는 사람이 있는 반면, '실패할 것 같은데'라고 불안을 느끼는 사람도 있습니다. 그 감정에 대해 '재미있을 것 같은 마음을 가져서는 안 돼'라든가, '실패할 것 같다고 느끼는 건 이상하지 않아?' 따위의 말로 타인이 느끼고 있는 감정을 부정할 수는 없습니다. 또 마찬가지로 당신 자신이 지금 느끼고 있는 감정을 부정할 필요도 없습니다.

같은 체험을 해도 느끼는 방법은 사람마다 다 다릅니다. 감정이라는 것은 당신 그 자체라고도 할 수 있겠지요. 바꿔 말하면 감정을 표현한다는 것은 당신 자신을 표현하는 것입니다. 그리고 상대는 그 표현을 기다리고 있습니다. 가식적인 당신이 아니라 진정한 당신을 만나고 싶어 합니다. 당신의 솔직한 기분을 전한다면 상대에게는 다른 어떤 선물보다 큰 선물이 될 수 있을 것입니다.

처음에는 우선 신뢰할 수 있는 사람과의 커뮤니케이션부터 시작해보세요. 마음이 움직이면 자신의 신체를 관찰하고, 그런 다음 느끼고 있는 것을 말로 표현해보세요. 당신이 마음을 열고 감정을 전하면 상대는 지금까지 그래 왔던 것보다 훨씬 더 웃거나 놀라거나 공감해줄 것입니다. 공감이라는 것은 감정에 대해 생겨나는 것입니다. 단순히 의견만을 열거하면 동의를 해줄지는 몰라도 공감을 하기는 어렵습니다.

감정을 전하는 것은 당신이 어떤 사람인지 상대에게 알리고, 상대로 하여금 안심하고 마음을 열 수 있도록 하기 위해 꼭 필요한 것입니다.

KEY POINT

- 예상 밖의 반응에 대응할 수 없는 이유는 '제대로 된 말을 하지 않으면 안 돼'라고 생각하기 때문이다.
- 마음이 움직이면 감정을 솔직하게 말로 표현할 것
- 신체의 어디에서 감정을 느끼고 있는지 스스로 찾아볼 것
- 감정을 솔직하게 전할 때 공감할 수 있다.

상대를 위한
마음을 알려라

상대가 이야기에 응해주지 않을 때 어색함 탈출법 ③

뭘 물어도 "네", "아니요"로밖에 대답해주지 않는다면? "뭐, 그렇지요"라는 애매한 대답만 돌아온다면? 이럴 때 두말할 필요도 없이 기분이 안 좋다거나 말하고 싶지 않다는 느낌이 확 들 것입니다. 이런 경우 대화를 이어가기가 힘이 들지요. 하지만 사람이기에 말하고 싶지 않을 때가 있는 것 또한 자연스러운 일입니다.

만일 말하지 않아도 괜찮은 상황이라면 혼자 있게 내버려두는 것도 따스한 배려라고 할 수 있습니다. 단, 비즈니스 상황에서는 그렇게 할 수 없을 때가 있지요. 그럴 경우에는 '당신을 위함이다'라는 메시지를 전달함으로써 상대의 말하려는 욕구를 끌어올릴 수 있습니다.

"○○ 씨가 실제로 사용을 하게 될 때 사용 방법을 몰라서 곤란한 일이 생기지 않도록 알려드리고 싶습니다만."

"○○ 씨가 지금 안고 있는 문제를 앞으로 고민하지 않아도 되도록 이 시점에서 확실하게 해결해두고자 여쭙습니다만."

"요전에 알려드릴 기회를 놓쳐 못 알려드렸던 분들에게 불편함을 끼쳐드렸기 때문에 ○○ 씨에게는 제대로 전해드리고 싶습니다만."

이처럼 '○○ 씨가', '○○ 씨에게는'과 같은 식으로 상대를 위한 것임을 분명히 밝히는 것이 좋습니다.

"말할 기분이 아닐지라도 당신을 위한 일이라고 생각하기에 말씀을 드리고 싶습니다"라는 마음을 말로 표현하게 되면 상대는 대화를 이어나가야겠다는 생각을 하게 됩니다. 누구든 자신을 위해 무언가를 해주려는 사람이 눈앞에 있다면 딱 잘라 거절하지 못하기 때문입니다. 단, 자주 반복해서 사용하면 생색내려는 것으로 보일 수 있으므로 '바로 이때다' 싶은 순간에만 사용하도록 해야 합니다.

그 밖에도 제3자를 주어로 해서 의견을 전달하는 방법이 있습니다.

"○○과제는 오랫동안 해결하지 못하고 고민하는 분들이 많기 때문에 일단 여쭙고 싶습니다만."
"○○의 사용 방법이 어렵다는 의견이 많기 때문에 혹시 몰라 알려드리고 싶습니다만."

이처럼 "○○이라고 하는 것이 자주 있기 때문에", "○○라고 하는 의견이 많기 때문에", "○○라고 느끼는 분들이 많기 때문에"라는 식으로 제3자를 예로 들어 '당신을 위한 것'임을 전달해야 합니다. 이렇게 말하면 간접적으로 상대와도 상관이 있다는 것을 알릴 수 있기 때문에 생색내는 것으로 비춰질 만한 부분이 어느 정도 해결됩니다.

우리는 보통 이야기를 할 때 무의식적으로 자기 자신을 주어로 합니다. 무언가를 전하려는 욕구를 가지고 있는 것이 자신이

기에 그렇습니다.

예를 들어 당신이 약사라고 가정해봅시다. 손님에게 약의 복용 방법을 설명하려 하는데, 손님의 컨디션은 좋지 않고 더 이상 길게 설명을 듣고 싶어 하지 않는 분위기입니다. 그렇다고 해서 설명을 하지 않을 경우 나중에 문제가 생겼을 때 당신이 책임을 져야 할지도 모릅니다. 그러다 보면 '(약사인) 내가 곤란해져요'라는 마음이 강해져 무의식적으로 자기중심적으로 말을 쏟아내버리게 됩니다.

그럴 때 곤란해지는 마음에서 한발 더 나아가보세요. 거기에 상대를 생각하는 마음이 있다는 것을 느낄 수 있을 것입니다. 바로 약을 오용해서 괴로움을 느끼는 일이 생기지 않기를 바라는 마음입니다. 그렇게 되지 않기를 바라기 때문에 당신은 정확하게 설명을 들려주고 싶다고 생각하는 것이겠지요? 자신의 욕구 앞에 있는 상대를 생각하는 마음을 우선순위에 두는 것이 중요합니다.

상대가 이야기에 별로 관심을 갖지 않을 때에는 이처럼 자신의 가슴 깊은 곳에 '상대를 위하는 마음'이 있다는 것을 발견하고 그것을 느껴봅시다. 그렇게 하면 상대는 당신이 자신을 위해서 이야기하려 한다는 것을 느끼고 들어주려고 노력하게 될 것

입니다. 누구라도 자신을 생각해주는 사람의 이야기에는 응해
주고 싶은 마음이 생기기 마련이니까요.

- 상대를 주어로 해서 상대를 위해 이야기하고 있다는 뜻을 전하라.
- 제3자를 예로 들어 상대를 위해 이야기하고 있음을 전하라.
- 자신의 욕구보다 상대를 먼저 생각하는 마음을 알아차려라.

2 상대방을 안심시키려면?

□ 말을 걸기 전 반드시 눈을 마주칠 것

□ 웃는 얼굴, 밝은 톤의 목소리로 말을 걸 것

□ 몸 전체를 상대에게 향할 것

□ 공유하고 있는 사실을 말해 "그렇군요"라는 답을 끌어낼 것

□ 자신이 생각하고 있는 답을 먼저 말하면서 질문할 것

□ 예상 밖의 답이 돌아오더라도 받아들일 것

□ 감정을 있는 그대로 솔직하게 전할 것

□ '상대를 위해 이야기하고 싶다'는 마음을 전할 것

3장

칭찬으로
마음을 열게 하라

LET OTHERS OPEN THEIR HEARTS
WITH COMPLIMENTS

칭찬하는 것에
익숙해져라

　상대에게 편히 말할 수 있는 분위기를 만들어주었다면 이제는 상대가 정말 이야기하고 싶어 하는 것을 말할 수 있도록, 그러면서 마음을 열 수 있도록 유도해야 합니다.

　마음을 열 수 있는 열쇠는 무엇보다 '안심'이겠지요. 이 장에서는 상대에 대한 호의를 말로 표현함으로써 안심을 시키는 방법을 알려드리고자 합니다. 앞서 1장에서 상대를 좋아하게 되어야 하는 것의 중요성을 알려드렸는데, 이제부터는 그 기분을 말로 표현하는 방법을 소개하도록 하겠습니다.

호의를 표시할 때에는 웃는 얼굴과 밝은 톤의 목소리뿐만 아니라 말로 전하는 것이 무엇보다 중요합니다. 왜냐하면 **긍정적인 감정이야말로 말로 표현하지 않으면 전달되지 않기 때문입니다.**

언젠가 이런 흥미진진한 실험 결과를 본 적이 있습니다. 두 사람이 짝이 되어 서로 바라보며 '사랑한다', '즐겁다', '화가 난다', '슬프다'라고 하는 네 가지의 감정을 일체 말은 하지 않고, 입가의 표정이 보이지 않도록 코 아래를 노트 등으로 가리면서 눈으로만 표현하도록 했습니다. 그 결과 가장 확실하게 전달된 것은 '화가 나 있다'라고 하는 감정이었습니다. 눈만 보고 80퍼센트는 알 수 있었다고 합니다. 한편 압도적으로 쉽게 알 수 없었던 것은 바로 '사랑하고 있어'라고 하는 감정. 이를 알 수 있었다고 말한 사람은 단 1퍼센트 정도에 그쳤습니다.(가도가와 요시히코의《자꾸자꾸 돈이 들어오는 '웃는 얼굴'의 구조》참조)

'군이 꼭 말로 해야 알아?'라고 생각하는 기분도 물론 이해합니다. 자신은 스스로가 느끼고 있는 감정을 실감하기 때문이지요. 하지만 과연 상대도 당신의 기분을 정확하게 실감할 수 있을까요? 당신의 기분은 당신 마음속에만 있습니다. 상대는 당신이 생각하고 느끼고 있는 것만큼 보거나 느낄 수 없습니다. 앞에서도 말씀드린 것처럼 말과 행동으로 표현하지 않으면 당신의 감정은 상대에게 전해지지 않습니다. 그럴 때 긍정적인 감정일수록 '정말 그렇게 생각해줄까?' 하고 염려하게 됩니다.

'나에게 고맙다고 생각하고 있겠지?', '분명 좋아할 거야'라고 머릿속으로 생각하면서도 실제로 상대가 말로 표현해주지 않으면 확신을 가질 수가 없습니다. 그러하기에 첫 대면에서, 아직 서로에 대해 잘 알지 못할 때일수록 호의를 전달하기 위해서는 말로 표현을 해야 하는 것입니다. 웃는 얼굴로 칭찬의 말을 해준다면 누구라도 호감을 갖고 있다고 느끼게 될 것입니다.

칭찬을 하는 것이 좋다는 건 알고 있지만 "좀 쑥스러워서", "그런 성격이 아니라서"라고 말하고 싶을지도 모릅니다. 제가 지금까지 그런 학생을 많이 만나보았고, 저 역시도 칭찬하는 것이 어려웠던 사람 중 하나였기에 더더욱 확신하며 말할 수 있습니다. **칭찬하는 것이 어려운 사람은 단지 그런 것에 익숙하지 않은 것뿐입니다.**

칭찬하기 어렵다고 말하는 사람은 타인에게뿐만 아니라 평소 자신에게도 칭찬이 인색합니다. 그런 사람은 약간 자기 자신에게 엄격한 경향이 있습니다. '이 정도 하는 것쯤은 당연한 일'이라며 자신에게 매기는 기준을 높게 설정해놓았기 때문에 조금 노력한 것 정도로 자신을 칭찬하지는 않습니다. 또한 칭찬을 해주면 응석받이가 될 수 있다고 생각하기 때문에 칭찬하며 격려하기보다는 결점을 찾아내 고쳐주려 합니다. 그것은 향상심이라는 의미에서는 높이 살 만합니다. 간단히 말하면 칭찬하지 않음으로써 '더욱더' 분발하고, 지금까지 다양한 부분에서 성과를 이루어내 왔을 테니까요. 하지만 자신에게 엄격한 사람은 타인에게도 마찬가지로 엄하게 대합니다. '이 정도 하는 것쯤은 당연한 거 아냐?'라며 상대에게도 높은 기준을 요구하게 되는 것이지요. 상대는 자신을 비춰주는 거울입니다.

저도 칭찬하는 것에 익숙지 않은 한 사람으로서 칭찬하는 것에 강한 저항이 있었습니다. 인터뷰를 할 때 상대를 칭찬해주며 띄워주는 것이 제가 하는 일의 한 부분입니다. 대부분의 게스트들과 첫 대면인 데다 인터뷰 시간은 짧고, 게다가 생방송이기 때문에 칭찬의 말은 짧은 시간 내에 상대의 마음을 열 수 있는 가장 효과적인 커뮤니케이션 방법이었습니다. 그럼에도 처음에 칭찬에 익숙지 않은 저로서는 제가 하는 칭찬의 말이 너무 가식적으로 느껴지기도 했습니다. 하지만 칭찬을 계속 하다 보니 어느덧 칭찬하는 것을 즐기게 되었습니다. 상대가 즐거워하는 사이 마음을 열며, 다른 곳에서는 한 적 없는 이야기까지 들려줄 정도로 칭찬의 말로 인해 그 분위기가 열기를 띠는 것을 느끼게 되었기 때문입니다.

뿐만 아니라 칭찬의 말을 하고 있는 저 자신에게도 큰 변화가 일어났습니다. 그전까지 싫어했던 저의 단점을 점점 좋아하게 되었던 것입니다. 우리의 뇌는 타인을 칭찬하고 있을 때, 자신이 칭찬을 받고 있을 때와 마찬가지의 감정을 느낍니다. 뇌는 주어를 이해할 수 없기 때문입니다.

"당신은 멋지군요", "당신은 지적인 이미지가 풍깁니다"라고 자신 이외의 누군가를 칭찬하면 뇌는 나 자신이 멋지고, 지성미가 넘친다고 받아들입니다. **다른 누군가를 향해 뱉은 말이 결국 모두 자신의 것이 되는 것입니다.**

칭찬하는 것에 익숙지 않았을 무렵 저는 자신의 결점을 찾아 스스로에게 채찍질을 반복하고, 자신을 엄하게 꾸짖으며 살아 왔습니다. 또한 당시에는 미처 깨닫지 못했지만 주변 사람들에게도 엄격한 잣대를 들이대고 있었지요. 하지만 주변 사람들의 좋은 점을 찾아가며 칭찬을 하게 된 후 저 자신의 좋은 점도 보이기 시작했습니다. 그리고 어느 순간 저는 자신을 좋아하며, 자신을 격려하며 칭찬하게 되었습니다.

　칭찬하는 것에 저항이 느껴질 때에는 마음의 주인공이 상대가 아닌 내가 됩니다.

'나는 이런 인간 취급을 받고 싶지 않아.'
'항상 엄격한 내가 칭찬을 받으면 비웃을지도 몰라.'

　이렇듯 마음속이 온통 '나'로 가득 차게 됩니다. 상대를 주인공으로 만들기 위해서는 용기를 내어 마음의 주인도 내가 아닌 상대로 만들어보세요.

KEY POINT

- 호의는 말로 표현하지 않으면 전달되지 않는다.
- 칭찬을 하면 상대도, 자신도 행복해진다.
- 칭찬하는 것에 저항이 생길 때면 마음의 주인을 상대로 정하라.

칭찬할 만한 부분을
찾아라

누구라도 가능한 칭찬의 기술 기초편 ①

이제부터는 구체적인 칭찬의 기술을 소개해드리겠습니다. 우선 어디를 칭찬하면 좋을지, 칭찬할 부분을 찾는 방법에 대해 이야기하겠습니다.

칭찬할 만한 부분은 결국 '남과 다른 점'입니다. 칭찬을 받아서 기분 좋아지는 경우는 대부분 다른 사람과 다른 부분을 꼬집어 말할 때가 많기 때문입니다.

예를 들자면 '어디서 팔고 있을까?'라고 생각될 만한 개성적인 안경의 경우 그 사람만의 각별한 애정이 없다면 그런 안경 고를 수 없습니다. 또 모자나 스카프, 액세서리, 시계 등 일부러 몸에 착용하는 것들에서 자신만의 개성을 표현하기 쉽습니다. 많은 직장인들이 매일 입는 셔츠도 디자인이나 색상, 바느질의 색상이나 단추 등에서 개성이 나타납니다. 양복이나 정장의 경우 향수와는 다른, 조금 더 은은한 향을 머금은 방향제를 사용하는 분도 있습니다. 넥타이 색상이나 무늬, 커프스 버튼, 넥타이핀도 관찰하기 좋은 포인트입니다.

또한 손질하는 정도에 따라서도 각각 차이가 나타납니다. 몸에 딱 맞는 셔츠나 주름 부분이 정확하게 선 바지, 깨끗하게 잘 닦인 구두 등 저마다의 애착이 없다면 대충대충 할 수도 있는 부분입니다.

만약 패션과 관련해서 그 사람만의 독특한 개성이 드러나지 않는다면 그 사람의 분위기나 행동 속에서 칭찬할 부분을 찾을 수도 있겠지요. 바른 자세나 부드러운 표정, 배려심이 묻어나는 행동 등 그 사람 자체를 관찰해보세요.

첫 대면이 아닌 경우에는 '변화'에 주목해봅시다. 즉, '여느 때와 다른 점'을 찾아보세요. '새로 장만했나?'라고 생각되는 옷이나 가방, 소지품 등 그 사람 주변에 있는 것들은 변화 여부를 알아차리기 쉬운 항목입니다. 머리 모양은 그 가운데 자주 변화를 주는 포인트 중 하나이지요? 헤어스타일을 달리한 것을 알아차려 칭찬을 하면 '언제나 나에게 관심을 가져주는구나!'라는 느낌을 주어 그저 그 순간에만 호의를 베푸는 것이 아니라는 인식을 심어줄 수 있습니다. 또 특별히 공들여 한 스타일링, 특별한 트리트먼트로 윤기가 흐르는 모발, 예쁘게 손질된 손톱, 평소보다 신경 쓴 듯한 메이크업 등의 변화에도 신경을 쓰면 좋겠지요?

이때 눈에 보이는 변화뿐 아니라 분위기나 기분에도 신경을 쓰는 것이 중요한 포인트입니다. 분위기나 기분의 변화를 일으키는 것은 마음입니다. 그러하기에 그 변화를 알아차려준다면 상대는 자신을 진정으로 알아주는 사람이 있다는 사실에 기쁨과 신뢰를 느끼게 될 것입니다.

칭찬을 하는 것이 익숙지 않을 때에는 도대체 어느 부분을 어떻게 칭찬하면 좋을지 잘 모르겠다고 생각할 수도 있습니다. 하지만 칭찬을 하는 것에 익숙해지면 칭찬할 만한 부분이 "여길 봐, 여길 칭찬해줘"라고 말을 걸어오는 듯한 느낌을 받게 될 것입니다. 또 1장에서 설명한 상대의 좋은 점을 찾는 습관이 몸에 배게 되면 상대의 좋은 점부터 찾아보는 것이 당연해집니다. 그

러면 칭찬할 부분을 애써 찾으려 노력하지 않아도 저절로 찾을
수 있게 됩니다.

- 칭찬할 만한 부분
  - 남과 다른 부분 = 그 사람만의 개성
  - 여느 때와 다른 부분 = 변화한 점

칭찬할 만한 부분에
"멋지다"는 말을 붙여라
누구라도 가능한 칭찬의 기술 기초편 ②

칭찬할 만한 부분을 찾았다면 다음으로 그것에 "멋지다"는 말을 덧붙일 것. "멋지다"라는 말은, 언제 어디서나 누구에게라도 쓸 수 있는 마법 같은 칭찬의 말입니다. 앞의 예에서 남과 다른 부분에 "멋지다"는 표현을 붙여보면 다음과 같이 됩니다.

"멋진 안경이군요."

"멋진 향이 나네요."

"깨끗하게 잘 닦여진 구두가 멋지네요."

"자세가 곧아서 더 <u>멋져 보여요</u>."

이처럼 "멋지다"는 표현을 덧붙이면 더욱 칭찬하는 말이 됩니다. 여느 때와 다른 점에도 "멋지다"는 말을 붙여봅시다.

"새로운 가방도 <u>멋지네요</u>."
"새로운 헤어스타일도 <u>멋져요</u>."
"오늘 화장이 정말 <u>멋져요</u>."

여느 때와 다른 점을 칭찬할 때에는 "…도"를 잊지 말아야 합니다. "새로운 가방은", "새로운 헤어스타일이"와 같이 "…는", "…가"를 사용하면 이제껏 멋지지 않았다는 뉘앙스로 들릴 수 있기 때문입니다. 웃는 얼굴로 칭찬할 만한 부분에 "멋지다"는 표현을 하는 것은 초보자도 충분히 시도해볼 수 있다고 생각합니다. 이렇듯 간단한 말로도 당신의 호의는 잘 전달될 것입니다.

KEY POINT

!

- "멋지다"고 표현하는 것만으로 훌륭한 칭찬의 말이 된다.
- 여느 때와 달라진 점을 칭찬하려 할 때에는 "…도"를 사용한다.

"멋지다"를 달리
표현하며 칭찬하라
누구라도 가능한 칭찬의 기술 기초편 ③

마법의 단어 "멋지다"를 사용해 칭찬하는 것에 익숙해졌다면 조금 업그레이드해서 "멋지다"를 달리 표현해봅시다.

"세련된 안경이네요."

"고급스러운 향이 나네요."

"깨끗하게 닦여진 구두가, 역시 잘나가는 사람이라는 인상을 주네요."

"자세가 좋아서 서 있는 모습 또한 아름답습니다."

"분위기가 딱딱하지 않네요."

"새로운 가방도 무척 잘 어울려요."

"새로운 헤어스타일도 또 다른 매력이 느껴지는데요."

"오늘 화장도 매력적이에요."

당신이 멋지다고 느꼈던 부분이 어떤 식으로 멋진지 그 부분을 보다 구체적인 표현으로 바꾸는 것입니다. 이때 주의해야 할 점이 하나 있습니다. 누가 들어도 확실하게 좋은 의미로 받아들일 수 있는 말로 바꾸는 것입니다.

예를 들면 아래와 같은 말들은 누가 들어도 좋은 의미로 쓰일 수 있습니다.

'아름다운, 친절하고 배려심 있는, 컬러풀한, 세련된, 품위 있는, 화려한, 좋은, 귀여운, 예쁜, 멋진, 부드러운, 밸런스가 잘 맞는'

한편 다음과 같은 말은 긍정과 부정 양쪽의 의미를 다 가질 수 있습니다.

'개성적인, 색다른, 보기 드문, 유니크한, 마이 페이스인, 화려한'

예를 들어 "좀 색다른 양복이네요"라고 말하면 칭찬하는 것인지 폄하하는 것인지 알 수가 없습니다. 물론 표정이나 목소리 톤으로 '확실하게 좋은 뜻으로 말하고 있어요'라고 전하는 것이 가능하겠지만, 오해를 불러일으킬 소지를 충분히 가지고 있습니다. 칭찬할 생각이었는데 상대가 별로 반응을 보이지 않는다면 이처럼 두 가지 의미를 가진 말을 사용했는지도 모릅니다. 이 부분을 주의해주세요.

KEY POINT

• 확실하게 긍정의 의미를 가진 말로 칭찬하라.

이유를 덧붙여
칭찬하라

누구라도 가능한 칭찬의 기술 기초편 ④

칭찬을 한 다음 "왜 그런 생각이 들었어요?"라는 질문을 받은 적은 없으신가요? 이런 질문을 하는 데에는 두 가지 이유가 있습니다.

첫 번째, 그 근거를 알고 싶기 때문입니다. 근거를 들어 설명하는 편이 상대가 칭찬의 말을 받아들이기가 훨씬 쉽습니다.

두 번째, 칭찬을 받음으로써 더욱 행복해지고 싶기 때문이지요. 칭찬을 받게 된 이유를 알게 되면 칭찬의 말을 보다 깊이 되새기며 음미할 수가 있습니다. 그러므로 칭찬의 말 뒤에는 상대가 묻지 않아도 이유를 덧붙이도록 합니다.

"멋진 안경이네요"라는 말 다음에는 이런 말을 덧붙일 수 있겠지요.

"정말 잘 어울려요."

"그렇게 세련된 안경은 본 적이 없습니다."

"저도 디자인이 좀 괜찮은 안경이 있나 찾아봤었는데 찾지를 못했거든요."

또 "멋진 헤어스타일이네요"라는 말 다음에는 이런 말을 덧붙일 수 있겠지요.

"○○ 씨는 정말 옷을 잘 입으세요."

"저도 그런 헤어스타일이 잘 어울렸으면 좋겠네요. 부럽습니다."

"그런 헤어스타일이 어울리는 사람은 좀처럼 없을걸요?"

"손톱이 참 예뻐요"라고 칭찬할 경우에는 이런 말을 덧붙일 수 있겠지요.

"손톱에서 봄기운이 물씬 풍기네요. 봄이 오는 것 같습니다."
"손톱까지 신경 쓰는 여성을 보면 세련되었다는 생각이 들어요."

이처럼 이유를 덧붙여 설명하면 상대는 칭찬의 말을 더욱 음미하게 됩니다. 칭찬이 자칫 '겉치레'로 비춰질 수도 있기 때문에 진심으로 칭찬을 했음에도 상대는 '정말 그렇게 생각하는 걸까?', '일단 칭찬해주는 편이 낫다고 생각해서 해준 말 아닐까?'라고 생각할 수도 있습니다. 하지만 이유를 덧붙이면 그렇게 생각될 리 없습니다. 칭찬해주는 말의 신빙성이 높아지고, 상대는 그것을 받아들이기가 수월해지니까요. 그리고 당신의 칭찬을 받아들여준 상대와의 관계는 더욱 돈독해질 것입니다. 그 결과 서로 마음을 더욱 열게 되겠지요.

KEY POINT

• 칭찬해주는 말에 이유를 덧붙이면 상대가 받아들이기 수월하다.

질문하면서
칭찬하라

칭찬 마스터가 되는 칭찬의 기술 중급편 ①

여기서부터는 칭찬의 기술 중급편이라고 할 수 있습니다. 중급편으로 들어가기 전에 기초편에서 이야기했던 네 단계를 복습해둡시다.

1. 칭찬할 부분을 찾아라.

2. 칭찬할 부분에 "멋지다"는 말을 덧붙여라.

3. "멋지다"를 다른 말로 바꿔라.

4. 이유를 덧붙여라.

자, 그럼 수준을 조금 높여서 중급편의 칭찬 기술을 소개할까 합니다. 우선 질문과 동시에 칭찬하는 '질문하면서 칭찬하기'라는 것이 있습니다. 예를 들어 "멋진 안경이군요"라는 말 뒤에 "해외에서 사신 건가요?"라고 물으면 상대는 질문의 내용 이외에 다른 부분에까지 생각이 미칩니다.

'해외에 가야만 살 수 있을 것 같은 멋진 안경이다.'

"해외에서 사신 건가요?"라고 질문한 것은, 당연히 '해외에서 샀나?'라는 생각이 들었기 때문이겠지요? 이처럼 질문에는 '전제'가 되는 것이 있습니다. 그러므로 질문을 하면서 질문과 그 전제의 쌍방을 전하게 되는 것이지요. 이 전제를 가지고 칭찬하는 것이 '질문하면서 칭찬하기'입니다. 조금 더 살펴봅시다.

"멋진 구두네요"라는 말 뒤에 "패션 관련 일을 하고 계신가요?"라고 묻는다면 상대가 느끼게 되는 것은 다음과 같은 전제입니다.

'패션 관련 일을 하고 있는 사람으로 보일 정도로 세련되었다.'

이와 같은 '전제'는 평소에 스스로 미처 깨닫지 못했던 것일 수도 있기 때문에 다시 한 번 설명을 해주면 왠지 더 어색하게 느껴질지도 모릅니다. 그래서 질문하면서 칭찬을 할 때에는 우선 '○○한 정도로 △△다'라는 전제를 시작으로 이야기하는 것이 좋습니다.

구체적인 예를 들어보겠습니다. 당신이 지금 굉장히 멋진 목소리를 가진 사람을 만났다면 칭찬할 부분은 '목소리'일 것입니다. 이때 '○○한 정도로 △△다'로 표현하려면 어떻게 말하면 좋을까요?

'프로라고 생각될 정도로 멋진 목소리다.'

이처럼 '○○한 정도로 △△다'라고 표현하는 것이 가능해졌다면, ○○의 부분을 질문으로 바꾸는 것입니다. 위의 사례의 경우 ○○는 '프로라고 생각된다'이기 때문에 "혹시 목소리를 전문적으로 사용하는 일을 하고 계신가요?"라고 질문하면 좋겠지요.

손톱을 예쁘게 하고 있는 사람을 만났다면 어떻게 해야 할까요? 저 같은 경우 바쁘다는 핑계로 평소 손톱 관리를 게을리하기 때문에 이렇게 느끼지 않을까 싶습니다.

'시간 관리를 굉장히 잘한다 싶을 정도로 일도 잘하는 것 같은데 손톱까지 예쁘네.'

이 경우에는 다음과 같이 질문하는 것이 가능하겠지요.

"엄청난 양의 일들을 척척 하시면서 이렇게 손톱도 예쁘게 관리하시다니, 도대체 어떻게 시간 관리를 하세요?"

질문하면서 칭찬하기는 칭찬하며 상대의 마음을 열게 하고, 게다가 질문의 답도 쉽게 끌어낼 수 있는 굉장한 기술입니다.

KEY POINT

- 질문하면서 칭찬하기로 칭찬을 하는 동시에 상대의 이야기도 끌어낼 수 있다.
- '○○한 정도로 △△다' = ○○입니까?

자신의 감정 변화를
표현하며 칭찬하라

칭찬 마스터가 되는 칭찬의 기술 중급편 ②

이어지는 칭찬의 기술은 자신의 감정 변화를 표현하며 상대를 칭찬하는 '감정 칭찬'이라는 것입니다. 감정 칭찬은 상대가 받아들이기도 쉬울뿐더러 기쁨도 상당히 큰 칭찬 방법입니다. '다른 사람에게 영향을 주고 싶다', '가치 있는 존재가 되고 싶다'라고 하는 욕구를 채워주기 때문입니다.

원래 칭찬을 한다는 것은, 당신이 상대에게서 '좋다'고 느끼는 부분을 표현하는 것을 의미합니다. 결국 당신의 마음은 상대에게서 매력을 느끼고 움직이게 된 것입니다. 그리고 그 마음의 움직임을 말로 표현하는 것이 칭찬입니다.

예를 들어 웃는 얼굴이 멋진 사람을 만났다고 가정합시다. 상대의 웃는 얼굴에 매력을 느낄 때 당신의 마음은 어떻게 움직일까요?

- 나도 모르게 힘이 난다.
- 나도 모르게 기분이 좋아졌다.
- 나도 모르게 즐거워졌다.

이 '나도 모르게 바뀐 기분'을 말로 하는 것이 칭찬입니다.

"웃는 얼굴이 멋지네요. 어쩐지 힘이 나는데요?"
"웃는 얼굴이 멋지네요. 왠지 기분이 좋아지는데요?"
"웃는 얼굴이 멋지네요. 어쩐지 기분이 즐거워졌습니다."

무언가 좋은 말을 떠올리려 노력할 필요는 없습니다. "힘이 난다", "즐거워졌다", "기분이 좋아졌다" 등과 같은 간단한 말이어도 좋습니다. 상대에게서 매력을 느끼고 당신의 마음이 어떻게 바뀌었는지 그 기분의 변화를 전하는 것만으로도 상대는 좋은 영향을 미친 자기 자신의 가치를 깨닫게 됩니다. 감정 칭찬의 경우 서로 깊이 있게 알지 못하는 사이에서도 가능합니다.

우리는 누구나 주변 사람들에게 좋은 영향을 주는 존재이고 싶어 합니다. 그것을 항상 의식적으로 생각하지는 않을지도 모릅니다. 하지만 누군가에게 도움이 될 때 어떤 사람이라도 큰 기쁨을 느끼지 않을까요?

감정 칭찬은 자신의 마음을 움직이게 한 상대의 매력과 그 영향력을 말로써 표현하는 것입니다. 매력만을 전하는 것은 초보 단계이고, 그 매력에 의해 변화된 마음을 전하는 것이 중급 단계입니다. 상대가 선물해준 매력이라고 하는 가치에 대해 자신이 받게 된 감정의 영향을 전하는 것은 상대의 매력에 대한 큰 보답이 될 수 있습니다.

KEY POINT

- 상대의 매력적인 모습에 자신의 감정이 어떻게 변화했는지 전하라.
- 감정 칭찬으로 상대의 영향력을 칭찬하라.

전과 후를
비교하며 칭찬하라
칭찬 마스터가 되는 칭찬의 기술 중급편 ③

이제부터 앞에서 소개한 감정 칭찬을 보다 효과적으로 하는 기술을 소개하겠습니다. 그것은 바로 '나도 모르게 즐거워졌다' 등 그전의 기분뿐만 아니라 이후의 기분도 전하는 것입니다.

다음의 두 가지 칭찬하는 말을 한번 비교해보세요.

A: "오늘 강연을 듣고 역시 다시 한 번 힘을 내야겠다고 마음 먹었습니다."

B: "실은 죽고 싶단 생각까지 하고 있었습니다. 하지만 오늘 강연을 듣고 역시 다시 한 번 힘을 내야겠다고 마음먹었습니다."

A는 강연을 듣고 난 이후의 기분만을 전한 것에 반해, B는 그전과 후 양쪽의 기분을 모두 전하고 있습니다. 이 두 가지는 제가 강연 후 실제로 들었던 이야기입니다. A의 말을 들었을 때도 물론 기뻤지만, B의 말에는 마음이 떨렸습니다. 제가 강연을 하지 않았다면 그분은 목숨을 끊었을지도 모르니까요. '내 이야기가 그토록 가치 있었다니!'라고 생각되자 제 삶에 감사한 마음이 들며 가슴이 벅찼습니다.

A의 "오늘 강연을 듣고 역시 다시 한 번 힘을 내야겠다고 마음먹었습니다"라는 말로는 강연을 듣기 전 상대가 어떤 상태였는지 알 수 없습니다. 변화를 했다는 것은 알 수 있을지언정, 변화의 정도는 전해지지 않습니다.

TV 프로그램 중에 〈大개조! 극적 비포애프터〉라고 하는 인기 방송이 있습니다. 전문 건축가나 목수가 집을 대대적으로 개조함으로써 가족관계까지 변화시키는 감동적인 프로그램입니다.

만일 그 방송이 개조된 이후의 집과 가족만을 보여줬다면 어땠을까요? 아마도 지금과 같은 인기는 없었겠지요.

사람은 변화에 의해 마음이 움직입니다. 그리고 그 변화가 클수록 마음도 크게 움직입니다. 변화의 크기는 그 전과 후의 차이에서 비롯됩니다. 그러므로 그전 상황을 밝혀야만 변화의 크기를 비교할 수 있는 것입니다.

칭찬을 할 때에도 마찬가지입니다. 상대에게 매력을 느껴 자신의 기분이 변화했다면 그 후의 감정도 함께 전해야 합니다. 당신이 그전에 어떠한 상태였는지 말하지 않으면 상대에게 진심이 전해지지 않습니다. 구체적으로는 우선 "○○였습니다만"이라고 그전의 상태를 말하고, 다음에 "△△하게 되었습니다"라고 이후의 상태를 전하도록 합시다.

"웃는 얼굴이 참 예쁘네요. 오늘은 비도 오고 왠지 아침부터 머리가 아팠는데 ○○ 씨의 웃는 얼굴을 보니 왠지 힘이 납니다."

"웃는 얼굴이 참 예쁘네요. 오늘은 아침부터 회사에서 동료와 오해가 있어 조금 다퉈 실은 조금 우울했는데 ○○ 씨의 웃는 얼굴 덕분에 어쩐지 기분 전환이 되었습니다."

"웃는 얼굴이 참 예쁘네요. 실은 조금 전 실수로 일이 꼬여 기분이 안 좋았었는데 ○○ 씨의 미소에 기분이 다시 살아났습니다."

물론 이후의 감정만 표현해도 호의는 전해질 것입니다. 하지만 이처럼 그전의 감정 상태도 함께 전달하면 변화의 정도를 느낄 수 있기 때문에 상대의 즐거움은 훨씬 커질 것입니다.

KEY POINT

- 전과 후의 감정을 함께 표현하면 감정 칭찬을 한층 업그레이드시킬 수 있다.
- 그전 상태뿐만 아니라 이후의 상황을 통해 변화의 크기를 드러내라.

칭찬을 받으면
두 배로 되돌려줘라

칭찬 마스터가 되는 칭찬의 기술 상급편 ①

드디어 칭찬의 기술 상급편을 소개할 차례입니다. 중급 단계가 가능해졌다면 반드시 도전해도 좋을 칭찬의 기술을 소개합니다. 우선 칭찬을 받으면 배로 되돌려주는 기술입니다.

사람들은 대부분 막상 칭찬을 받으면 어떻게 반응해야 할지 난처해합니다. 칭찬의 말을 그대로 받아들이자니 어쩐지 쑥스럽기도 하고, 민망하기도 하고……. 그래서 뭐라고 말해야 좋을지 주저하며 "아, 네…"라고 답하다가 대화가 끊어져버리거나 자신도 칭찬을 해줘야 할 것 같아 "아니요, ○○ 씨야말로"라고 마음에도 없는 어색하고 부자연스러운 말을 하다가 다시 자기 혐오에 빠지기도 하고……. 저 역시 그런 실패를 거듭해왔습니다. 하지만 어느 순간 칭찬을 받은 순간이야말로 칭찬을 되돌려 줄 절호의 찬스라는 것을 깨달았습니다. 다음의 두 가지 규칙을 사용해 '배로 되돌려주기'로 상대를 칭찬해봅시다.

먼저 칭찬받은 내용에 "오히려"를 붙여 칭찬해주는 방법이 있습니다. 저는 칭찬을 받게 되면 상대에게 "오히려 제가 그렇게 생각하고 있었습니다"라고 말합니다.

"넥타이 멋지네요. 세련돼 보여요."
"정말요? 저는 오히려 ○○ 씨의 넥타이가 세련되고 멋지다고 생각하고 있었습니다."

"진짜 웃는 얼굴이 참 잘 어울려요."
"정말요? 저는 오히려 ○○ 씨의 웃는 얼굴이 훨씬 멋있다고 생각하고 있었던걸요."

이처럼 "오히려"라고 말하면 먼저 칭찬한 것은 상대이지만, 내 쪽이 먼저 그렇게 생각하고 있었다는 것을 전할 수 있기 때문에 자연스럽게 칭찬을 하게 됩니다.

"오히려" + 칭찬하며 돌려주기 = 기쁨 두 배

그다음 다른 누군가가 아닌 '당신에게' 칭찬을 받아 기쁘다고
전하는 방법이 있습니다.

"세련된 넥타이, 멋지네요."
"네? 멋지고 세련된 ○○ 씨에게 세련되었다는 말을 듣다니
영광입니다."

"미소가 참 인상적이에요."
"네? 멋진 미소를 가진 ○○ 씨한테 그런 칭찬을 듣다니 자신
감이 막 생겨납니다."

이처럼 "세련되었다"라는 칭찬을 들으면 "세련된 ○○ 씨",
"웃는 얼굴이 최고"라는 칭찬을 들으면 "웃는 얼굴이 매력적인
○○ 씨"처럼 칭찬받은 내용이 오히려 상대의 매력이라는 사실
을 전하는 것입니다. 그리고 "그런 매력을 가지고 있는 당신에

게 칭찬을 받아서 기쁘다"고 말하는 것입니다.

예를 들어 일도 잘하고 평소 존경하는 선배나 동경하던 사람에게 "일 잘하는데?", "멋진데요?"라는 칭찬을 듣게 되면 다른 사람들에게서 듣는 것보다 훨씬 기쁘지요. 먼저 칭찬을 들었을 때에는 이런 식으로 "다른 사람이 아닌 당신에게 그런 칭찬을 받아 기쁩니다"라고 전함으로써 칭찬해준 상대에게 칭찬의 말을 되돌려줄 수 있습니다.

'당신에게 칭찬받고 싶다' × 칭찬으로 되돌려주기 = 기쁨 두 배

위의 두 가지 '칭찬으로 되돌려주기' 방법을 사용하면 먼저 칭찬을 받아도 초조해할 필요가 없습니다. 오히려 찬스라고 생각하고 다시 칭찬으로 돌려줘보세요.

- 먼저 칭찬을 받았다면 배로 되돌려줄 수 있는 찬스다.
- 칭찬받은 내용에 "오히려"를 붙여 되돌려줄 것
- "칭찬을 해준 것이 다른 사람이 아닌 당신이어서 기쁘다"라는 내용을 전할 것

간접 칭찬의 기술,
핑퐁 칭찬

칭찬 마스터가 되는 칭찬의 기술 상급편 ②

이어서 핑퐁처럼 칭찬하는 기술을 소개하겠습니다. 이는 상대를 직접 칭찬하는 것이 아닙니다. 상대의 주변에 있는 것을 칭찬하거나 당신 자신이 칭찬을 받더라도 결과적으로는 상대를 칭찬하게 되는 간접 칭찬의 기술입니다.

〈화법학교〉에 다니는 S씨의 체험담을 예로 들어보겠습니다.

어느 날 S씨와 업무상 관련이 있는 T씨가 자주 가는 단골가게에서 식사 접대를 했습니다. 맛은 물론이고 서비스 또한 최고였기에 S씨는 가게를 나서며 점장에게 이렇게 말했습니다.

"마음이 전해지는 따뜻한 배려, 감사했습니다."

그러자 그 가게의 직원들뿐 아니라 대접해주었던 T씨도 기분이 좋아졌습니다. 이것이 바로 '평퐁 칭찬'입니다. S씨가 칭찬한것은 가게 분들이었습니다. 하지만 이때 T씨는 두 가지를 칭찬받았다고 느끼게 됩니다.

첫 번째, 좋은 가게를 알고 있는 뛰어난 센스
두 번째, 주변에 좋은 사람들이 있는 인간관계

S씨가 가게 분들에게 "마음이 전해지는 따뜻한 배려, 감사했습니다"라고 전한 순간 그 가게에 데려간 T씨는 자신의 단골가게가 칭찬을 받았다고 느꼈습니다. 결국 S씨는 가게 분들을 칭찬하면서 동시에 "T씨가 선택한 가게는 정말 좋은 곳이군요"라고 간접적으로 T씨도 칭찬한 것입니다. 또한 S씨의 칭찬으로 단골가게 직원들이 기분 좋아하는 모습을 본 T씨는 "역시 T씨가데려오는 손님들은 매너 있는 좋은 분들이군요"라고 가게로부

터도 간접적으로 칭찬을 받은 것이 되지요.

이처럼 상대를 직접 칭찬하기보다 상대의 주변에 있는 것을 활용해 칭찬하거나, 때에 따라 자기 자신이 칭찬받는 존재가 되는 것만으로도 상대의 가치를 올려주면서 결과적으로는 상대를 칭찬하게 됩니다. 이 기술을 꼭 시도해보세요.

- 상대의 주변에 있는 것을 칭찬함으로써 간접적으로 상대를 칭찬하라.
- 자신이 칭찬받음으로써 상대의 가치를 높여주어라.

보이지 않는 곳에서
칭찬하라

칭찬 마스터가 되는 칭찬의 기술 상급편 ③

아무리 이리저리 따져보고 칭찬을 해도 잘 받아주지 않는 사람이 있다면 추천하고 싶은 방법이 있습니다. 바로 '보이지 않는 곳에서 칭찬하기'입니다.

어떻게 칭찬을 해도 "에이, 그럴 리 없어"라며 받아들여주지 않을 때에는 **마주 보고 칭찬하기보다 다른 사람을 통해 칭찬을 하는 것이 현명한 방법입니다.**

"○○ 씨가 요전에 많이 피곤했을 텐데 일을 도와줘서 너무 고맙더라. ○○ 씨는 정말 배려심 많고 친절한 것 같아.”

이렇게 다른 사람에게 그 사람의 좋은 점을 말하는 것입니다. 그러면 이 이야기가 언젠가는 본인의 귀에 들어가겠지요. 분명 “○○ 씨보고 친절하고 배려심 많은 사람이라고 말하던데요”라며 제3자를 통해 당신이 보이지 않는 곳에서 칭찬하는 것을 듣게 될 것입니다.

상대가 없는 곳에서 나쁜 말을 한 것을 전해 들으면 상처를 받겠지만, 보이지 않는 곳에서 한 칭찬을 전해 듣게 된다면 얼마나 기분이 좋을까요. 보이지 않는 곳에서 사람들은 좋은 소리보다는 나쁜 말을 할 때가 훨씬 많습니다. 그러하기에 ‘뒷담화’라는 말은 있어도 ‘뒤에서 타인의 좋은 점을 말한다’는 뜻의 단어는 없는 거겠지요. 뒤에서 칭찬을 하는 것은 그 정도로 드문 일이기에 오히려 더 기분이 좋아지게 됩니다.

효과 또한 대단합니다. 기쁨이 몇 배에 달하는 정도로 끝나는 것이 아닙니다. 칭찬을 받는 데 익숙하지 않은 사람도 제3자를 통해 받은 칭찬은 부정하고 싶어도 부정할 수가 없습니다. 칭찬을 해준 당사자가 눈앞에 없기 때문입니다.

물론 보이지 않는 곳에서 하는 칭찬은 언제 본인에게 전달될지 알 수 없기 때문에 장기전이 됩니다. 그래서 저는 매일 한 번씩 마음속으로 다짐합니다. 하루에 착한 일 하나 하기보다 하루에 보이지 않는 곳에서 칭찬 하나 하기로 말입니다. 이러한 행동을 계속 이어가다 보면 어느 순간 인간관계도 좋아집니다.

가랑비에 옷 젖듯이 신뢰를 쌓아가는 칭찬 방법, 그것이 바로 상대가 없는 곳에서 상대를 칭찬하기입니다.

KEY POINT

- 칭찬을 잘 받아들이지 못하는 사람의 경우 보이지 않는 곳에서 칭찬하라.
- 간접적으로 칭찬을 받는 것은 드문 일이기에 기쁨이 더욱 크다.
- '하루에 한 가지 뒤에서 칭찬하기'로 신뢰를 쌓아라.

겸손해하더라도
칭찬하라
칭찬 마스터가 되는 칭찬의 최상급 스페셜 기술

마지막으로 난이도가 꽤 높은 칭찬의 최상급 스페셜 기술을 소개하고자 합니다. '정말 이렇게 칭찬하는 사람이 있을까?'라고 생각될 수도 있습니다. 하지만 제 주변만 하더라도 그런 사람이 많이 있으니 안심하고 사용해보세요.

이 기술에는 사랑이 필요합니다. '이 사람이야말로 정말 칭찬을 받았으면 좋겠어!' 이런 애정이 넘쳐날 때 사용하면 좋은 기술입니다.

상대를 칭찬했는데 "에이, 아니에요. 제가 무슨…"이라고 답해 대화가 끊어지거나 순간 어색한 분위기가 흘러 당황한 적 있으시지요?

"웃는 얼굴이 참 매력적이네요."
"아이고, 무슨. 말도 안 돼요, 제가 무슨……."
"아니요, 아니요. 그렇지 않아요, 정말."
"……."

특히 동양 사람들은 겸손을 미덕으로 여기는 풍조 때문인지 누군가에게 칭찬을 받아도 이처럼 부정하거나 웃어넘기는 경우가 자주 있습니다. 겸손하게 받아들이는 것도 물론 나쁘다고 할 수 없겠지만, 이러한 경우 대화가 그다음으로 이어지기 어렵습니다.

만약 상대가 칭찬을 받아들여주지 않을 때에는 살짝 미소 지으며 이렇게 말해보세요.

"저는 ○○ 씨의 웃는 얼굴이 정말 멋지다고 생각해요. 제 마음을 알아주세요."
(당신은 자기 자신을 어떻게 생각하는지 잘 모르겠지만, 저는

당신의 웃는 얼굴이 정말 멋있다고 생각했습니다. 그 기분을 알아주지 않겠습니까?)

이렇게 말하면 상대는 부정하기 어려울 것입니다. 왜냐하면 기분이라고 하는 것은 느끼는 사람의 자유이기 때문이지요. "그렇게 느낄 리 없어"라든가 "그렇게 느끼다니 이상한 사람이네"라며 상대의 마음을 부정하는 것이 불가능합니다. 이 부분은 자신의 감정 변화를 전하며 칭찬하는 감정 칭찬의 응용편이 됩니다.

사실 칭찬의 말을 잘 받아들이지 않는 사람일수록 칭찬받고 싶어 하고, 평가받고 싶어 하는 경향이 있습니다. 열심히 노력하는 부하직원을 칭찬했을 때 "아니요, 그렇지 않습니다"라며 자신을 다그치고 채찍질하는 사람일수록 실은 평가받고 싶어 한다는 것을 알아주십시오. 그리고 상대가 받아들일 수 있는 말을 해주는 것입니다. 그것을 기술이라고 합니다. 기술이란 전하고 싶은 마음을 위해 사용하는 것입니다.

궁리 끝에 상대에게 칭찬의 말을 전했는데 받아들여주지 않을 때 생기는 잠깐의 어색함을 경험해본 사람이 많겠지요? 반대

로 당신이 칭찬을 받았을 때에는 꼭 웃으면서 "고맙습니다"라
고 말하며 받아들이길 바랍니다.

- 칭찬의 말에 "아니요, 제가 무슨…"이라며 겸손해도 당황하지 말 것
- "저의 마음을 알아주시면 좋겠어요"라고 진심을 전하며 칭찬할 것

상대가 스스로의 의지로 바꿀 수 없는
부분은 칭찬하지 마라

칭찬 마스터가 되는 주요 포인트

상대를 칭찬할 때 조금 주의해야 할 포인트가 있습니다. 자신은 '좋겠다'고 생각해도, 상대는 그것을 '싫다'고 생각하는 경우도 있기 때문입니다. 그런 때에는 아무리 진심으로 좋다고 생각해 말해도 상대가 받아들이기 힘듭니다.

"어쩜 그렇게 얼굴이 작으세요?"

어느 미국인 남성을 인터뷰할 때 나름 칭찬이라고 생각해 이렇게 말했는데 상대가 크게 화를 낸 일이 있습니다. 그는 불쾌한 듯 말했습니다.

"제 고민거리는 아무것도 아닌 듯 말씀하시네요. 무례하네요."

동양인이라면 제가 어떤 뜻으로 이런 말을 했을지 잘 알 것입니다. 저는 결코 상대를 화나게 할 생각이 아니었습니다. 얼굴이 작아서 9등신 가까이 되어 보이는 그의 스타일이 부러울 따름이었습니다. 하지만 작은 얼굴에 대한 동경이 없는 미국인 입장에서는 모욕감을 주는 발언으로 느껴졌던 것입니다.

또 "말라서 좋으시겠어요"라고 어느 여가수에게 말했을 때에는 갑자기 상대의 얼굴에 그늘이 드리워지기도 했습니다. 애써 미소를 띠우고 있기는 했지만 어쩐지 슬픈 듯한 표정으로 "그런가요?"라고 말하는 것이었습니다. 순간 아차 싶었지만, 한번 입 밖으로 내뱉은 말을 주워 담을 수는 없었습니다. 어떻게든 수습해보려 "아, 저는 아무리 빼려 해도 빠지지 않아 날씬한 분들을 보면 부럽더라고요"라는 말로 얼버무렸는데 '뭐, 됐어요. 그냥 내버려두세요'라는 그녀의 마음속 이야기가 들리는 듯했습니다. 알고 보니 그녀는 살을 찌우고 싶어도 찌지 않는 여성이었던 것입니다.

한번은 어느 유명 여배우를 인터뷰할 때 매니저를 통해 '다섯 가지 주의사항'이 적힌 종이를 받고 놀란 적이 있습니다. 이제껏 5천 명 넘는 사람들의 인터뷰를 해오면서 그런 종이를 받은 건 처음이자 마지막이었으니까요.

당시 그 여배우는 연애 관련 스캔들로 핫한 주목을 받고 있었습니다. 그래서 항목 중에 '상대 남성에 대해서는 질문하지 말 것'이라고 못박아둔 것은 저희도 어느 정도 예상하고 있던 범위였습니다. 다소 충격적이었던 것은 그 종이의 가장 마지막에 쓰여 있는 내용이었습니다.

"'젓가락 같다'라는 식의 신체와 관련된 말은 하지 말아주세요."

그 마지막 항목을 읽는 순간 저도 모르게 눈물이 핑 돌았습니다. '누군가 아무렇지도 않게 그녀에게 그런 말을 했겠구나' 하고 생각되었기 때문입니다. 그렇지 않고서는 그렇게 구체적인 표현으로 "말하지 말아주세요"라고 써놓을 리 없었습니다. 그

여배우는 그 정도로 깊은 상처를 받았던 것이겠지요.

실제로 만나보니 스캔들 탓도 있었겠지만 몸이 몹시 가늘고 불안정안 모습이었습니다. 당장이라도 울고 싶은 것을 참고 애써 웃는 듯한 얼굴이었습니다. 참 마음 아픈 인터뷰였습니다.

누군가를 보며 '좋겠다', '좋다'라고 느낄 때 대부분 밑바탕에는 부러운 마음이 깔려 있습니다. 자신에게 없는 매력을 가진 사람을 보고 멋있다고 느끼는 것은 자연스러운 일. 하지만 그것을 상대에게 전하기 전에 한 번 더 생각해보면 좋겠습니다. **당신이 아무리 '좋다'고 생각하는 것이라도 상대는 그것을 '싫다'고 생각하고 있을지도 모르기 때문입니다.**

사실 상대의 장점이라고 생각되는 것을 상대도 그리 생각하고 있는지, 혹은 결점이라 생각하고 있는지는 말해보지 않고서는 알 수가 없지요. 그래서 이를 사전에 판단하기 위한 힌트를 알려드리겠습니다.

"그것은 상대가 자유롭게 바꿀 수 있는 것인가요?"

헤어스타일이나 의상 등 그 사람의 의지로 바꿀 수 있는 부분은 칭찬을 해도 괜찮습니다. 하지만 신장이나 체형 등 바꾸고 싶어도 바꿀 수 없는 것은 아무리 좋겠다고 생각해도 상대에게 말하기 전에 꼭 한 번 더 생각해보는 것이 좋습니다.

KEY POINT

- 칭찬하기 전에 그것이 선천적인 것인지, 상대가 자유롭게 바꿀 수 있는 것인지 확인할 것

3 상대가 칭찬을
받아들이게 하려면?

☐ 수줍어하지 않고 칭찬한다.

☐ '남과 다른 점', '평소와 다른 점'을 찾아내 칭찬한다.

☐ 만능 단어 "멋있는"을 붙여 칭찬한다.

☐ 명확하게 긍정의 의미를 가진 말을 사용해 칭찬한다.

☐ 상대가 받아들일 수 있는 칭찬 방법을 마스터한다.
  – 이유를 덧붙여 칭찬한다.
  – 질문하며 칭찬한다.
  – 전과 후를 비교하며 칭찬한다.
  – 상대의 주변을 칭찬한다.
  – 보이지 않는 곳에서 칭찬한다.
  – "나의 마음을 알아주면 좋겠다"라고 말하며 칭찬한다.

☐ 먼저 칭찬을 받았다면 두 배로 되돌려준다.
  – "오히려"라는 말을 사용해 칭찬을 되돌려줄 것
  – "당신이 칭찬해주어서 더 기쁘다"라고 말하며 칭찬을 되돌려줄 것

☐ 신장이나 체형 등 본인이 바꿀 수 없는 것은 칭찬하지 않는다.

4장

상대가 말하고
싶어 하는 것을 끌어내라

LEAD OTHERS TO SAY

(WANT THEY'D LIKE TO)

자신감을 갖고
질문하라

가장 먼저 알아둬야 할 질문의 기술 기초편 ①

상대를 돋보이게 하면서 상대가 이야기하고 싶은 것을 말하게 하기 위해서는 우선 상대를 좋아해야 한다고 앞서 이야기했지요. 그리고 상대가 이야기하기 편안한 분위기를 만들고, 칭찬으로 마음을 열 수 있는 방법에 대해서도 말씀드렸습니다. 그것이 가능해졌다면 드디어 상대가 말하고 싶은 것을 질문으로 이끌어낼 차례입니다.

'질문을 하려 해도 무엇을 물어봐야 좋을지 잘 모르겠다.'

이런 고민을 하는 사람들이 많습니다. 그런데 그들이 누군가와 대화하는 모습을 잘 관찰해보면 질문이 떠오르지 않는 이유는 바로 긴장을 하고 있기 때문이라는 것을 알 수 있습니다. 차분한 마음으로 생각할 때에는 그들 역시 다양한 질문을 떠올릴 수 있다는 것을 저는 알게 되었습니다. 그들의 고민거리를 함께 풀어나가던 중 문득 한 가지 확신이 들었습니다. **질문을 생각해내는 힘은 모든 사람들이 이미 가지고 있다는 것입니다.**

그렇다면 왜 대화를 하는 순간에는 아무런 질문이 떠오르지 않는 것일까요? 무엇보다 중요한 이유는 **상대에게 흥미가 없기 때문입니다.** 당연한 이야기겠지만 흥미가 없다는 것은 알고 싶은 마음이 없는 것과 같습니다. 따라서 듣고 싶은 것 또한 떠오르지 않을 수밖에 없습니다. 그래서 1장에서는 '상대를 좋아하라'고 말씀드렸습니다. 좋아하는 사람에게 묻고 싶은 것이 떠오르지 않는 경우는 없으니까요.

좋아하는 사람에 대해서는 어떠한 것이라도 알고 싶어지게 마련입니다. '나에 대해 어떻게 생각하고 있을까?'부터 시작해서 '형제는 있을까?', '어디서 태어났을까?', '어떤 색을 좋아할까?', '어떤 음식을 좋아할까?' 등등. 꼭 사귀지 않더라도 상대가 좋아지게 되면 질문이 끊임없이 떠오릅니다.

질문을 상대에게 주는 선물이라고 생각하면 어떨까요? 물론 나의 질문으로 인해 상대가 안 좋은 기억을 갖게 될 수도 있습니다. 상대가 밝히고 싶지 않았던 부분에 대한 질문을 해서 곤란해지거나, 표현의 부족으로 오해를 살 수도 있겠지요. 그럼에도 불구하고 역시 **질문은 기본적으로 상대에 대한 관심을 드러내는 선물이라고** 생각합니다. 질문을 하고 대답을 듣고 싶어 하는 밑바탕에는 상대에 대한 흥미나 관심이 있기 때문입니다.

저에게 질문의 선물을 준 것은 어느 여가수였습니다. 인터뷰를 받아야 할 상대가 오히려 저에게 질문해주었던 것입니다.

"언제부터 DJ를 하셨어요?"

"그 밖에 또 어떤 방송을 하고 계세요?"

"니시토 씨는 어떤 음악을 좋아하세요?"

그녀는 자신의 이야기를 하기보다 저의 이야기를 이끌어내주었습니다. 통상적인 인터뷰에서는 있을 수 없는 일이었지요.

인터뷰에 응하는 사람들은 대부분 제한된 시간 안에 많은 것을 홍보하고 싶어 합니다. 그러하기에 진행자인 DJ에게 질문을 해주는 일은 거의 없다고 할 수 있지요. 그때 저는 너무 기쁜 나머지 그만 저의 이야기를 쏟아내는 데 너무 빠져버렸습니다. 나중에 담당 피디에게 질책을 받을 정도였으니까요. 저로서는 질문을 받은 것 자체가 너무 기뻤던 것입니다.

사람들은 기본적으로 누군가에게 자신의 이야기를 하고 싶어 합니다. **누구든 자신의 이야기를 들어주었으면 좋겠다, 자신을 알아주었으면 좋겠다고 바랍니다.** 그러면서 한편으로는 상대가 원하지도 않는데 너무 자신을 내세우다 괜히 미움을 받지는 않을까 염려하기도 합니다. 그런 욕구의 모순을 해결해줄 수 있는 것이 바로 질문입니다. 질문을 받으면 '당신이 원하니까 내 이야기를 하는 거예요'라고 정당한 변명을 하며 자신을 어필할 수 있기 때문입니다. **질문이라고 하는 것은 상대가 말하고 싶어 하는 것을 말할 수 있도록 만들어주는 선물인 것입니다.** 그러므로 염려 말고 더욱더 많은 질문을 던져주세요.

KEY POINT

- 상대에게 흥미가 없으면 질문조차 떠오르지 않는다.
- 질문이란 상대에 대한 관심을 나타낼 수 있는 선물이다.
- 질문으로 상대가 자신을 어필할 수 있는 명분을 만들어줘라.

질문하기 전에
의도를 먼저 알려라

가장 먼저 알아둬야 할 질문의 기술 기초편 ②

질문을 하려 해도 잘 떠오르지 않는 두 번째 이유는 상대에 대한 흥미보다 자신이 느끼는 불안감이 더 크기 때문이라고 할 수 있습니다. 간혹 질문을 하면 화를 내는 사람도 있습니다.

"왜 그런 것도 몰라?"
"전에 얘기했잖아!"

이런 식의 비난을 받은 경험이 있는 사람은 '질문하는 건 나쁜 거야. 상대를 화나게 해버리잖아'라는 식으로 생각하게 될 수 있습니다. 또 조금 무서운 사람에게 질문을 하기 전에 "괜히 이런 걸 물었다가 화나게 하는 거 아닌가 몰라"라며 불안을 느낄 수 있습니다. 분명히 하지 말아야 하는 질문으로 연령, 정치, 종교 등 몇 가지가 묵시적으로 금기시되어 있기는 합니다. 하지만 실제로 어떤 질문을 받고서 화를 내는 경우는 정말 드뭅니다.

기본적으로 누군가 흥미를 가지고 자신에게 질문을 해주는 것은 기쁜 일입니다. 질문에 대해 상대가 불신감을 갖고 있다면 이유는 명확합니다. 어째서 그런 질문을 하는지 그 의도를 알 수 없기 때문입니다.

사람들은 흔히 질문을 받게 되면 마음속으로 이런 생각을 합니다.

'이 사람은 무슨 의도로 이런 질문을 하는 거지?'

그 의중을 알 수 없을 때에는 불안을 느끼고 이런저런 상상을 하게 됩니다. 때에 따라서는 '날 바보로 아는 건가?', '날 우습게 보는 게 분명해'라고 멋대로 생각해버리기도 합니다.

쉽게 접할 수 있는 예를 보겠습니다. 가령 누군가 당신에게

"이번 주 일요일에 시간 있어요?"라고 물었을 때 어떻게 답해야 할지 고민한 적 없나요? 만약 시간이 있다고 했다가 별로 내키지 않는 모임에 가자고 할 경우 다시 거절하기 어렵고, 그렇다고 시간이 없다고 대답했는데 엄청 흥미로운 계획이 있었다고 말할 경우 다시 시간을 낼 수 있을 것 같다고 말하기도 이상해집니다. 그래서 대부분의 사람들은 "왜? 무슨 일 있어?"라고 그 목적을 묻습니다. 그 의도를 안다면 안심하고 대답할 수 있기 때문입니다.

자, 그럼 구체적으로 어떤 식으로 그 의도를 전하면 좋을지 생각해봅시다. 예를 들어 예고 없이 불쑥 이런 질문을 받는다면 상대는 어떻게 느낄까요?

"혹시 장녀세요?"

'응? 도대체 내가 어느 면에서 장녀로 보인 거지? 혹시 이 사람, 뭔가 신기가 있는 사람인가? 그것도 아니면 내 형제와 아는 사람?'

하지만 이때 질문의 의도를 먼저 덧붙이면 상대는 안심을 하게 됩니다.

"어쩐지 차분하고 든든한 느낌인데 혹시 장녀이신가요?"

이 경우 기대고 싶을 정도로 든든한 느낌을 주는 이유가 궁금하다는 의도를 파악한 상대는 안심하고 질문에 응해줄 수 있습니다.

다른 예를 살펴봅시다.

"○○ 씨도 긴장할 때가 있습니까?"

갑자기 이런 질문을 받게 되면 상대는 역시 여러 가지 상상을 하게 되겠지요.

'왜 갑자기 저런 질문을 하지?'
'내가 너무 잘난 척하는 것처럼 보이나?'
'날 시험하고 있는 건가?'
'무슨 근거로 내가 긴장하지 않는 사람이라고 생각하는 거지?'

이럴 때 의도를 덧붙이자면 다음과 같이 말할 수 있습니다.

"○○ 씨가 프레젠테이션을 할 때 정말 당당하고 설득력 있다고 느꼈는데 ○○ 씨도 긴장할 때가 있습니까?"

이처럼 의도를 덧붙이면 상대는 질문하는 사람이 프레젠테이션을 잘하고 싶은데 정말 프레젠테이션을 잘하는 사람들도 긴장을 할 때가 있는지 알고 싶어 한다는 것을 알게 됩니다.

질문하기 전에 '왜 그 질문을 하는지' 그 의도를 먼저 밝힌다면 상대는 어떠한 목적으로 묻는 것인지 알 수 있어 안심하고, 원하는 것이 무엇인지 알기에 대답하기가 훨씬 수월해질 것입니다. 결과적으로 당신이 원하는 답을 이끌어낼 수 있겠지요.

KEY POINT

- 질문을 하기 전에 의도를 먼저 말함으로써 상대의 불안감을 해소시켜라.
- 의도를 말하면 원하는 답을 이끌어내기가 수월해진다.

즐거운 듯 해오는 질문,
할 말이 있다는 신호다
누구라도 할 수 있는 질문의 기술 초급편 ①

사람들은 보통 자기주장을 내세우는 것을 어색해하기 때문에 말하고 싶은 것이 있어도 잘 꺼내지 못하지요. 그래서 마중물(펌프질을 할 때 물을 끌어올리기 위해 붓는 물)을 부어주듯 질문을 함으로써 말할 수 있는 계기를 만들어주는 것이 중요합니다. 물론 이를 위해서는 상대가 무엇을 말하고 싶어 하는지 알아차리는 것이 가장 중요하겠지요.

기본적으로 잘 관찰하면서 상대가 이야기하고 싶어 하는 것이 무엇인지 살펴보는 자세가 필요합니다. 그런데 누구라도 간단히 알아차릴 수 있는 신호가 있습니다. 그것은 바로 '즐거운 듯 해오는 질문'입니다. 상대가 당신에게 즐거운 듯 질문을 해오는 것은 당신에게 묻고 싶은 것이 있어서가 아닙니다. 실은 상대가 하고 싶은 이야기가 있는 것입니다.

예를 들어 상대가 "주말에 뭐 하셨어요?"라고 신이 난 듯 질문해오면 당신은 어떻게 대답하겠습니까?

"주말에 테니스를 치러 갔는데 어쩌고저쩌고…….(끝없음)"

이렇게 자신의 이야기를 끝없이 해서는 안 됩니다. 즐거운 듯 질문을 던졌다는 것은 자신에게 하고 싶은 말이 많다는 신호거든요.

"그냥 집에서 뒹굴뒹굴했지요. ○○ 씨는요?"

이렇게 자신의 이야기는 살짝 접어두고 바로 상대에게 질문을 돌리는 것이 좋습니다.

"그게 말이야!"

이렇게 망설임 없이 이야기를 시작한다는 것 자체가 상대에게 하고 싶은 이야기가 얼마나 많았는지를 증명한다고 할 수 있습니다.

이야기하고 싶은 게 있어도 상대가 과연 흥미를 갖고 들어줄지 불안할 때에는 아이처럼 "있잖아, 한번 들어볼래?"라며 말을 꺼내기가 쉽지 않지요. 그럴 때 우리는 우선 상대에게 질문을 던지고 상대가 말하게끔 해야 합니다. 먼저 상대가 이야기를 시작하고 나면 그다음부터는 편히 말할 수 있기 때문입니다.

이와 비슷한 상황은 음식점에서 여럿이 식사를 할 때도 종종 볼 수 있지요. 간혹 맛있어 보이는 요리가 나왔는데 어쩐지 어느 누구도 젓가락을 대지 않을 때가 있습니다. 다들 다른 사람보다 먼저 젓가락을 대는 것을 주저하게 되지요. 그런 때 옆에 있는 사람이 "자, 드시지요"라고 권하며 음식을 한 젓가락 집어가면 자신도 마음 편히 집어올 수 있습니다. 누군가 먼저 집어간 다음이라 부담이 없어지는 것입니다. 중국에서는 그렇게 하는 것이 매너라고 합니다. 레스토랑에서 각자의 접시에 음식을 가져가는 것은 상대가 음식을 집은 후부터. 식사뿐 아니라 담배나 술도 자신이 원할 때에는 우선 "자, 드셔보시지요"라며 주변 사람에게 먼저 권하는 것을 예의 바른 행동으로 생각한다고 합니다.

상대가 신이 난 듯 질문을 해왔을 때 끝없이 자신의 이야기를 하는 것은 권유받은 요리를 혼자서 통째로 다 먹어버리는 것과 같습니다. 한 입 맛보았다면 바로 테이블을 돌려 상대도 요리를 먹을 수 있도록 해주어야 합니다.

말하기 좋아하는 사람이라면 한 접시를 몽땅 먹는 것으로 끝내지 않고 "사실 저것보다 이 요리가 더 먹고 싶었어요"라며 다른 요리까지 자기 앞으로 가져와 먹기 시작할 것입니다. 이런 사람들은 "주말에 뭘 하셨어요?"라고 물어오는데 "주말 이야기보다 이전에 여름휴가 갔을 때 말인데"라며 이야기의 주제를 확 바꿔 자기 이야기를 시작하기도 합니다. 대화를 자연스럽게 이어가기 위해서는 상대의 의도를 파악해 이야기의 화제를 바꾸거나 중간에 자르는 일이 없도록 주의해야 합니다.

KEY POINT

- 신이 난 듯 물어오는 것은 자신에게 할 이야기가 있다는 상대의 신호다.
- 신이 나서 물어올 경우 자신은 간단하게 대답하고, 바로 상대에게 질문을 하라.

최근의 일부터
질문하라

누구라도 할 수 있는 질문의 기술 초급편 ②

상대가 먼저 질문을 해오면 상대의 관심사가 무엇인지 예상이 가능합니다. 하지만 기본적으로 당신이 먼저 질문을 하고 반응을 살피며 상대의 흥미를 찾아갈 것입니다. 여러 가지 질문 볼을 던져가며 상대가 받아치기 좋게 던지는 법을 터득하는 셈이죠.

볼을 잘 던져주면 상대는 안타나 홈런을 칩니다. 결국 말하고 싶은 것을 조금씩 자유롭게 이야기할 수 있게 되는 것입니다. 그럴 때 목소리가 커지거나 목소리 톤이 높아지거나, 혹은 말이 빨라지는 등의 변화를 보이기도 합니다. 또 몸을 앞으로 기울이거나 움직임이 커지거나 눈에 힘이 들어가기도 하지요. 질문 볼을 쉽게 치기 위해 전신이 반응을 보이는 것입니다.

던지는 질문 볼은 기본적으로 듣고 싶은 것일 테죠. 이때 질문의 내용은 어떤 것이 되었든 상관없지만 분위기만은 사그라들지 않도록 주의해주세요. 구체적으로 **"모르겠는데", "몰라", "말하고 싶지 않은데" 등 상대의 대답이 "…않다"는 식의 부정적인 말로 끝나는 볼은 던지지 않도록 해야 하는 것입니다.**

보통 상대가 대답하고 싶어 하지 않는 질문의 대표적인 예는 '이미 다른 사람들에게 많이 들어봤던 질문'입니다. 어느 날 연회가 끝난 후 돌아오는 길에 러시아어 통역을 하는 친구가 지겨운 듯한 표정으로 이렇게 말했습니다.

"'아니, 어쩜 그렇게 러시아어를 잘하세요?' 사람들이 처음 만나면 꼭 이렇게 묻는단 말이야. 정말 짜증나."

흔히 외국어를 유창하게 하는 사람을 만나면 "해외에서 사셨어요?", "어디에서 공부하셨어요?" 등을 묻게 되지요? 질문을 하는 사람 입장에서는 신기한 마음에 던지는 말일지도 모르지만, 상대방의 입장에서는 이미 몇 백 번씩 들어서 더 이상 이야기하고 싶지 않을 수도 있습니다.

그런데 그 통역하는 친구를 보면 때때로 묻지도 않았는데 자신이 먼저 설명을 할 때가 있습니다. 그것은 바로 '나에 대해 알려주고 싶어'라고 하는 욕구가 싹트고 있을 때입니다. 몇 번이고 반복되는 지겨운 질문이라도 '이 사람에게는 나에 대해 더 이야기해주고 싶어'라는 생각이 들 때에는 지겹다고 생각하지 않습니다.

누구에게나 들을 법한 질문은 나중으로 미뤄주세요. 상대가 정말 말하고 싶어 하는 타이밍을 기다리는 것이 중요합니다. 돌이켜보면 인터뷰를 하면서 저 역시 적절한 타이밍을 기다리지 않고 질문을 해댄 적도 많았던 것 같습니다.

뮤지션을 인터뷰하는 경우 보통 자신들의 근황 및 앨범 등의 활동에 대해 알리고 싶어 하기 때문에 대부분 질문 또한 뻔한 것들뿐입니다.

"앨범 타이틀의 의미는 무엇인가요?"

"녹음 작업을 하며 고생했던 에피소드가 있습니까?"

몇 십 번씩 들었을 비슷한 질문들에 질려버리는 것도 어찌 보면 당연하겠지요. 제대로 대답이라도 해주면 그나마 다행입니다. 어떤 때에는 '또 그 질문이야?'라는 듯한 얼굴을 하거나 "그렇지요, 뭐"라고 성의 없게 답하는 사람도 있습니다. 하지만 그것은 상대가 정말 이야기하고 싶어 하는 것에 대해 질문하지 못하던 시절의 이야기입니다. 상대가 하고 싶은 말을 먼저 하게끔 질문 볼을 던질 수 있게 된 다음부터는 확실히 실패하는 일도 줄었습니다. 저 또한 제대로 칠 확률이 높은 질문 볼을 던져줄 수 있게 된 지는 얼마 안 되었습니다.

그럼 듣고 싶은 것을 나중으로 미루고 무엇부터 물어보면 좋을까요? 예를 들어 3년 전 여행에 대해 묻는다면 누구라도 떠올리기가 쉽지 않을 것입니다. 하지만 지난주에 다녀온 여행에 대해서라면 잘 기억하고 있을 뿐 아니라 그때의 추억과 여운이 아직 남아 있을 것입니다. 아직 몸에 느낌이 남아 있는 체험은 바깥으로 끄집어내고 싶다, 결국 이야기해주고 싶다고 느끼기 때문에 최근의 일에 대해 질문하면 분위기를 띄우기에 좋습니다.

사실 누군가를 처음 만났을 때 듣고 싶은 것은 오히려 과거의 이야기지요. 저도 "어떻게 DJ가 되셨어요?", "어떤 계기로 말하는 법을 알려주는 일을 하게 되셨어요?" 등등 대부분 지나온 것에 대한 질문을 자주 듣습니다. 저에 대해 잘 모르는 분들이 '과연 어떤 사람일까?'라고 생각했을 때 경력을 묻고 싶은 것은 당연하겠지요. 하지만 **사람들이 말하고 싶어 하는 것은 최근의 이야기입니다.**

우선 최근의 근황을 화제로 이야기하고, 자주 들었을 법한 질문은 상대가 말하고 싶어 할 때를 기다려야 합니다. 당신이 듣고 싶은 것이 아니라 무대의 주인공인 상대가 이야기하고 싶어 하는 것을 우선시해보세요. 상대를 주인공으로 하면서 이야기하고 싶은 것부터 자꾸자꾸 말하게끔 이끌어주면 반드시 상대가 당신에게 흥미를 가져줄 때가 올 것입니다. 그때를 기다려줍시다. 상대가 당신에게 '나에 대해 알려주고 싶어요'라고 느끼기 시작할 때가 바로 묻고 싶은 것을 물을 기회입니다.

KEY POINT

- 상대가 비로소 무엇이든 이야기하고 싶다는 생각을 하게 되면 자주 들었을 법한 질문을 해도 좋다.
- 옛날이야기보다 최근의 이야기가 말하기 더 수월하다.
- 질문의 순서는 '상대가 말하고 싶어 하는 것 순'으로 한다.

상대의 대답을
반복하며 물어라
누구라도 할 수 있는 질문의 기술 초급편 ③

질문 볼을 던지며 상대의 흥미를 탐색해갈 때 한 가지 더 주의해야 할 점이 있습니다. 그것은 연이어 질문을 너무 많이 하지 않을 것.

야구 타격 연습장에서 기계가 고장 나 볼이 끊임없이 날아오면 패닉상태가 되겠지요? 질문 볼도 좋은 반응을 끌어내려는 의도에서 하는 것이지만 너무 많이 날아오면 무엇부터 이야기해야 할지 난감해집니다.

예를 들면 이런 상태가 됩니다.

"어떤 일을 하고 계십니까?"

"영업입니다."

"어떤 것을 영업하십니까?"

"수입 식자재입니다."

"주로 어떤 것을 수입하고 있습니까?"

"파스타나 조미료, 초콜릿 등도 수입하고 있습니다."

"어느 나라에서 들여오지요?"

이처럼 질문→대답→질문→대답과 같은 식으로 대화가 이어지면 상대는 마치 취조당하는 듯한 느낌을 받습니다. 또 자신의 대답을 상대가 어떻게 생각하는지 전혀 알 수 없기 때문에 불안해집니다.

질문을 하고 난 뒤에는 상대가 말했던 말을 반복함으로써 제대로 듣고 있다는 것을 알려야 합니다.

"어떤 일을 하고 계십니까?"

"영업입니다."

"<u>영업일을 하고 계시는군요.</u> 그럼 어떤 것을 영업하십니까?"

"수입 식자재입니다."

"수입 식자재군요. 예를 들어 어떤 것이 있을까요?"

"파스타나 조미료, 초콜릿 등도 수입하고 있습니다."

"파스타에 초콜릿이라고요? 수입은 주로 유럽에서 하나요?"

밑줄의 말처럼 상대의 대답을 반복해 말하며 잘 듣고 있음을 표현해야 합니다. 이때 행여 앵무새 같아 보이지는 않을까 염려하지 않아도 괜찮습니다. **일순간 시선을 돌리면 전혀 앵무새처럼 보일 리가 없습니다.** 시선을 다른 곳으로 돌리면 상대의 말을 머릿속에 입력시키려 한다는 것이 느껴지기 때문입니다.

사람들은 무언가를 떠올리거나 생각할 때와 같이 자신의 속내를 들여다보려 할 때 자연스레 시선을 다른 곳으로 향하곤 합니다.

예를 들어 지금 이 질문에 바로 답해보시겠습니까?

"당신은 어제 저녁에 무얼 먹었습니까?"

답을 떠올리려 하는 지금 이 순간 당신의 눈은 자신도 모르게 이 책이 아닌 다른 곳을 향하고 있지 않은가요? 자신의 기억을 떠올리려 했기 때문입니다. 자신의 속내를 보려 할 때 시선은 자연적으로 상대가 아닌 다른 곳을 향하게 됩니다.

한편 상대가 무언가 알아주길 바랄 때, 상대에게 무언가 전하고 싶은 것이 있을 때에는 시선을 맞추려 합니다. 상대의 말을 반복해가며 눈길을 다른 곳으로 향하는 것은 상대의 말을 자신의 머릿속에 서서히 되새기는 듯한 느낌이라고 보면 되겠지요. 생각하면서 말을 하는 것이 어딘가 어색해 보이는 것 같다고 여겨질지도 모르겠지만, 사실은 상대의 말을 제대로 받아들이고 싶다고 생각할 때 무의식적으로 나오는 행동입니다.

조금 여유가 생기면 상대의 말을 반복하는 데 그치지 말고 자신의 느낌도 함께 덧붙여봅시다.

"어떤 일을 하고 계세요?"

"영업입니다."

"영업일을 하고 계시는군요? <u>아, 그래서 그랬는지도 모르겠습니다. 처음부터 어쩐지 굉장히 말하기 편안한 분이라고 느꼈거든요.</u> 그럼 영업에서는 어떤 것을 취급하고 계신가요?"

"수입 식자재입니다."

"수입 식자재군요. 수입 식자재라면 주로 어떤 것이 있을까요?"

"파스타나 조미료, 초콜릿 등도 수입하고 있습니다."

"파스타에 초콜릿이라고요? 제가 좋아하는 것들뿐이네요. 수입은 유럽에서 하나요?"

이처럼 상대의 대답을 자신의 머릿속에 입력시키면서 자신이 느낀 것을 전해야 합니다. 그러면 상대는 당신이 어떻게 받아들이고 있는지 알게 되어 더욱 안심하게 됩니다. 그 결과 점점 대화하기가 편안해지겠지요.

이때 범하기 쉬운 실수 한 가지를 알려드리겠습니다. 바로 단어를 바꿔 말하는 것입니다. 예를 들어 "영업입니다"라고 말했는데, "세일즈입니까?"라고 단어를 바꿔 말해서는 안 됩니다. 영업과 세일즈의 의미는 다르기 때문입니다.

일본의 인기 록밴드 서던 올스타즈의 쿠와타 씨는 자신을 아티스트라 하지 않고 가수라고 말합니다. '그거나 그거나 같은 거 아냐?'라고 생각하는 사람도 있겠지만, 쿠와타 씨에게 있어서는 다른 의미인 것입니다.

또 아오이 유우 씨는 자신을 여배우라고 하기보다 배우라고 말합니다. 여배우라고 하는 말에는 눈부시게 아름답고 화려한 이미지가 있습니다. 하지만 아오이 유우 씨는 단지 연극이 좋고, 연기하는 것 자체를 좋아하기 때문에 여배우라는 말을 자신과는 좀 거리가 있다고 여기는 듯합니다.

라디오에서 말하는 사람을 일반적으로 DJ라고 합니다. 그런데 도쿄FM에서는 '퍼스널리티', J-WAVE라고 하는 라디오 방송국에서는 '네비게이터'라고 표현하며 방송국마다 불리는 이름이 다릅니다. 제가 여러 라디오 방송국에서 방송을 하던 시절 방송국에 따라 불리는 이름이 달랐기 때문에 헷갈리기도 하고 종종 실수를 하는 경우도 있었습니다. 그럼에도 엄격하게 지켜야 하는 이유는 라디오 방송국이 저마다 그 호칭을 중요하게 생각하고 있기 때문입니다.

일상생활에서도 마찬가지입니다. 한번은 "몸이 무거워요"라고 말하는 사람에게 "몸이 힘들군요"라고 말하자 "아니요, 무겁다고요"라고 말했던 기억이 있습니다. 그 사람에게 있어서 '무겁다'와 '힘들다'는 말은 달랐던 것입니다.

제3자가 봤을 때에는 '뭐가 되었든 결국 같은 거 아니야?'라고 생각되는 것일지라도 본인에게 있어서는 그 단어가 아니면 절대 안 되는 것이 있습니다. 상대의 말을 반복해서 말할 때에는

상대가 사용한 말을 존중해 똑같이 사용해야 한다는 것을 명심해야 합니다.

KEY POINT

- 연이어 질문을 하면 상대는 취조당하는 듯한 느낌을 받을 수 있다.
- 상대의 대답을 반복해가며 다음 질문을 하라.
- 여유가 생기면 자신이 느낀 점도 덧붙여 말하라.
- 상대의 입에서 나온 단어를 존중해 같은 단어를 사용하라.

바보처럼 단순한
질문을 던져라

상대가 '뭐지?'라고 생각할 만한 질문의 기술 중급편 ①

질문이 떠오르지 않는 이유를 지금까지 몇 가지 열거했는데요, 그 외에도 한 가지가 더 있습니다. '이런 걸 물었다가 괜히 바보 취급당하는 거 아냐?' 하고 불안을 느낄 때 역시 질문이 떠오르지 않을 수밖에 없습니다. "아니, 그것도 몰라?"라며 비난을 받은 적 있는 사람의 경우 질문을 하면 자신의 지적 수준을 드러내는 것 같아 두려움을 느끼기도 합니다.

저도 라디오를 진행할 때나 강연을 할 때 바보처럼 글자를 잘못 읽어 얼굴이 빨개질 정도로 부끄러웠던 적이 있었습니다. 또

킨타로엿(어디를 자르든 단면이 '킨타로'라는 일본 전통우화 속의 인물 얼굴이 나오도록 만든 젓가락엿)을 만들어온 장인에게 "이 킨타로는 여자아이인가요?"라고 물어 '뭐지? 진짜 몰라서 묻는 건가?'라는 식의 반응을 얻은 적도 있습니다. 킨타로의 얼굴을 보니 입술이 새빨 갛고 귀여웠기 때문에 그 순간 저도 모르게 여자아이라고 생각해버렸던 것입니다. 그 당시에는 쥐구멍이라도 있으면 숨고 싶을 정도로 창피했지만 지금 생각하면 좋은 추억이었던 것 같습니다. 왜냐하면 모두가 엄청나게 웃었기 때문입니다.

상대를 주인공으로 만들기 위해서는 자신이 조금은 부족한 듯해 보이는 것도 괜찮습니다. "너 정말 바보구나"라고 말하면서도 상대는 즐거운 듯한 얼굴을 하고 있을 것입니다. 상대의 허점을 보며 어쩐지 안심이 되는 기분을 느끼기 때문입니다. 또 자신이 좀 더 우위에 있다고 느끼며 속 시원해 하는 것도 있겠지요. 상대가 기분 좋게 여러 가지를 알려주게 되면 가르쳐주는 쪽도, 배우는 쪽도 즐거울 수 있습니다.

때에 따라서는 단순한 질문이 오히려 본질을 뚫기도 합니다. 저는 어느 음악평론가가 1970년대의 디스코 붐에 대해 열변을 토할 때 순간 궁금한 게 생각나 물어본 적이 있습니다.

"디스코라는 것이 댄스뮤직하고 뭐가 다르지요? 아무리 붐이라고는 하지만, 어느 시대든 춤추기 위한 음악은 히트하지 않았나요?"

그러자 이렇게 이야기해주었습니다.

"맞아요! 몸을 흔들기 위한 음악은 항상 있었어요. 단, 1970년대는 좀 특별한 상황이었지요. 그때까지만 해도 미국 젊은이들에게 있어서 놀이라고 하면 단연 드라이브였지요. 하지만 석유 가격이 급등한 이때 전처럼 쉽게 차를 몰고 나갈 수가 없었던 것입니다. 기름 값이 비싸 차를 끌고 나갈 수 없던 이들이 놀고는 싶은데 놀 수 없는 이 상황에서 어떻게 했냐 하면, 작은 테두리 안에서 에너지 발산을 하기 시작한 거지요. 그렇게 디스코가 폭발적으로 퍼지게 된 거예요."

누구나 다 알 만한 것이나 '이제 와서 왜 그걸?'이라고 생각되는 질문은 하기가 좀처럼 꺼려지지요. 하지만 강연이나 세미나에서 저 자신이 질문을 받는 입장이 된 지금 드는 생각은 그런 질문이야말로 본질적인 물음을 갖고 있는 경우가 많다는 것입니다.

문득 일본의 화가 센쥬 히로시 씨가 했던 아름다운 말이 가슴 깊이 새겨집니다.

**"세상에 쓸데없는 질문이란 하나도 없습니다.
있다고 한다면 그것은 쓸데없는 대답뿐입니다."**

센쥬 히로시 씨가 강연을 할 때 관객들이 아무도 질문을 하지 않자 했던 말입니다.

무언가 잘 모르는 것과 마주했을 때 솟구치는 '알고 싶다'고 하는 욕구는 인생을 더욱 풍요롭게 해주는 씨앗이라고 생각합니다. 무엇인가에 의문을 갖고, 알고 싶다고 생각하는 것과 흥미를 갖는 것은 당신의 개성 그 자체입니다. 질문에는 좋고 나쁨이 없는 것입니다.

어쩌면 당신의 그 단순한 궁금증이 본질을 꿰뚫고, 상대에게서 생각지도 못한 답을 끌어낼 수도 있습니다. 만일 웃음거리가 되었다면 모두가 웃었다는 것에 기뻐하며 함께 웃어넘기면 됩니다.

알고 있는 척 말고 때로는 '바보 취급을 당해도 좋다'고 굳게
마음먹고 질문해보세요.

- 바보 같은 척하며 사람들에게 웃음을 줘라.
- 단순한 질문이 오히려 본질을 꿰뚫는 경우도 있으니 당당하게 물어라.

상대가 애착을
갖는 것에 대해 언급하라

상대가 '뭐지?'라고 생각할 만한 질문의 기술 중급편 ②

"이제껏 그런 질문은 받아본 적이 없었는데!"

그렇게 웃으며 즐겁게 이야기할 수 있는 질문이 되었다면 어느새 대화의 분위기는 화기애애해지겠지요. 처음 받은 질문에는 '발견'이라는 것이 있기 때문입니다.

어느 판화가를 인터뷰했을 때의 일입니다. 때마침 하라주쿠에서 개인전을 열고 있었기 때문에 저는 그분을 만나기 전에 작품을 보러 갔었습니다.

'전시되어 있는 것은 자연을 그린 판화인데, 왜 빛이나 공기를 표현하고 있는 것일까?'

그런 생각을 들게 하는, 기하학적인 모양이 박혀 있는 그림이 몇 점 있었습니다. 자연과 인공적인 직선이 함께 어우러져 있는 것이 독특하다고 생각한 저는 그를 만나 이유를 물었습니다. 그러자 그는 그전과 전혀 다른 표정으로 활짝 웃으며 이렇게 말해주었습니다.

"그런 질문은 처음인데……. 이야, 용케 알아봐주셨네요."

그런 후 그는 신이 난 듯 작품에 대한 자신의 생각을 설명해주기 시작했습니다. 이처럼 처음 받아본 질문은 큰 즐거움을 안겨줍니다.

'누군가 알아주면 좋겠는데 말이야. 그렇다고 스스로 어필하기는 싫고…….'

그럴 때 포인트를 지적해주면 '오, 드디어 물어왔어!'라고 동지를 만난 듯한 기분을 느끼기 때문입니다.

'백 년의 고독'이라는 일본 소주를 알고 있나요? 좀처럼 손에 넣기 힘든 술 중 하나입니다. 어느 날 지인이 그 병 라벨에 작게 프린트되어 있는 영문에 눈길이 갔다고 합니다.

"When you hear music, after it's over, it's gone in the air. You can never capture it again.(지금 귀에 들려오는 음악은 공중으로 사라져버리고, 이제 더 이상 그 음을 붙잡을 수 없게 된다.)"

재즈 뮤지션 에릭 돌피의 말입니다. 에릭의 음악을 무척 좋아했던 그녀는 '백 년의 고독'을 만들고 있는 미야자키 현의 주조장에 전화를 걸었습니다. 그러자 접수처의 직원이 "잠시만 기다려주십시오"라고 말한 뒤 갑자기 사장에게 전화를 바꿔주었다고 합니다. 그것을 알아준 것이 얼마나 기뻤으면 그랬을까요? 그 후 한참을 재즈 이야기로 보낸 그녀의 집에는 어느 때인가 보니 그 술이 있었습니다. 그녀는 술을 한 방울도 입에 대지 못하는데 말이죠.

흔히 몇몇 사람만 진실을 알아줘도 상관없다고 말하지만 사실은 모두가 알아줬으면 하는 게 사람 마음입니다. 상대의 그 마음을 알아챘다면 운명이라 할 만큼 깊은 관계를 이어갈 수 있을 것입니다. 함께 지내온 시간의 길이는 그다지 중요하지 않습니다. 감성으로 이어지는 순간 우리는 마음을 열게 되고, 이야기를 나누며 서로 알아가는 즐거움을 느끼고 싶어 합니다.

상대가 애착을 갖는 것을 파악하기 위해 필요한 것이 관찰력입니다. 시각에 의존하는 우리는 이미 잘 보고 있다고 생각할지 모르지만, 실제로는 그렇지 않습니다.

예를 들어 매일 출근해 일하고 있는 회사의 천장에 어떤 식으로 조명이 배치되어 있는지 떠올릴 수 있나요? 또 지하철역에서 집까지 가는 길에 '뭐가 있는지 봐야지'라고 생각하고 걸어보면 '저런 간판이나 가게도 있었나?' 싶은 곳들이 있음을 알게 됩니다. 보고 있는 것 같지만, 실제로 보고 있지 않은 것이 일상의 풍경인 것입니다.

마찬가지로 상대를 한번 떠올려보세요. 자주 봐서 잘 알고 있다고 생각했는데 생각보다 잘 떠오르지 않는 것을 알게 될 것입니다. 어제, 저녁을 함께했던 사람은 어떤 옷을 입고 있었나요? 가방은 무슨 색이었지요? 상대의 헤어스타일을 그림으로 그릴 수 있나요?

지금 자신의 손바닥을 한번 봐보세요. 색이나 두께, 주름, 혈관, 피부의 건조 상태 등 잘 들여다보면 '어? 내 손바닥이 이렇게 생겼었네'라고 생각하는 분들이 많을 것입니다.

상대가 애착을 갖는 것을 알아차리기 위해서는 의식적으로 자세히 관찰해야 합니다. '마음먹고 보는 관찰'과 '저절로 보이는 것'은 닮은 듯하지만 사실 큰 차이가 있습니다.

- 상대가 애착을 갖고 있는 부분을 언급하는 순간 훨씬 친밀해진다.
- 상대가 애착을 두고 있는 것을 찾아내기 위해 의식적으로 자세히 관찰
  하라.

말주변이 없는 사람에게는
깊게 생각하지 않아도 되는 질문을 하라

어려운 상대에게도 쉽게 할 수 있는 질문의 기술 상급편 ①

라디오에서는 대부분 매일 새로운 주제를 설정해둔다는 것을 알고 있나요? 예를 들면 "오늘의 테마는 성인식, 당신의 성인식에 대한 추억을 들려주세요"와 같은 식으로 그날의 주제를 바탕으로 문자나 이야기를 모집합니다.

매일 생방송을 하다 보면 이 주제에 따라 도착하는 메시지의 숫자가 달라지는 것을 알 수 있습니다. 굳이 깊게 생각하지 않아도 되는 주제에는 정말 많은 메시지가 도착합니다. 예를 들어 조금 전 거론한 성인식은 깊게 생각하지 않아도 되는 주제 중 한 가지입니다. 인생에서 한 번뿐인 체험을 할 수 있는 날이기 때문에 떠올릴 수 있는 날도 정해져 있습니다. 생각하거나 선택할 필요가 없습니다. 어느 한 시점을 떠올리기만 하면 되므로 깊게 생각하지 않아도 됩니다. 수고가 필요 없는 질문에는 답하기도 쉽지요.

놀라우리만큼 정말 많은 메시지가 도착한 것은 '좋아했던 급식 메뉴'라고 하는 주제에 대해 이야기할 때였습니다. "특별한 날 나왔던 젤리를 좋아했다", "ㅇㅇ라는 커피우유가 좋았다" 등등 그때를 떠올림으로 해서 분위기도 살아날 뿐 아니라 급식을 먹었던 광경으로 퍼져나가 당시의 개인적인 사건이나 감정까지 되살아납니다. 깊게 생각하지 않아도 좋을 뿐 아니라 떠올리는 것 자체도 즐거워집니다.

한편 "좋아하는 고사성어는 무엇입니까?", "좋아하는 이성의 헤어스타일은 어떤 것일까요?" 등의 주제에 대해서는 메시지가 그다지 많이 오지 않습니다. 여러 가지 생각을 한 후 그중에서 골라야 하고, 이유까지 생각하지 않으면 안 되어 여간 어려운 게 아닌데 게다가 시간까지 걸리기 때문입니다.

말을 잘하지 못하는 사람을 주인공으로 만들고 싶을 때에는 깊게 생각하지 않아도 말할 수 있는 '체험'에 대해 주로 질문을 하는 것이 좋습니다.

"학창 시절, 어떤 동아리 활동을 했었습니까?"
"최근 어떤 영화를 보셨습니까?"
"가장 최근에 다녀온 여행지는 어떤 곳인가요?"

이때의 질문은 '열린 질문(open question)'으로 하면 이야기가
점점 확대될 수 있습니다. 열린 질문이란 "네", "아니요"로 대답
할 수 없는 질문을 말합니다.

"학창 시절 활동했던 동아리는 오카리나부인가요, 축구부인
가요?"
"최근에 봤던 영화 제목은 뭐였나요?"
"가장 최근 여행 다녀온 장소는 구체적으로 어디인가요?"

열린 질문은 구체적인 대답을 끌어낼 수 있기 때문에 그다음
이야기로 확장하기가 수월합니다. 단, 열린 질문이라고 해도 사
적인 질문은 상대의 상황을 보면서 해야 합니다. "형제는 어떻
게 되세요?", "어디에 살고 계세요?", "지금 하고 있는 일은 시작

한 지 오래되셨나요?" 등은 생각하지 않아도 답할 수 있는 질문이지만, 지극히 개인적인 영역으로 들어갈 수 있는 부분이기 때문에 사람에 따라서는 거부감을 갖고 경계할 수도 있습니다. 이런 질문을 하게 될 때에는 상대의 표정을 관찰하거나 질문하기 전에 이유를 먼저 말해 안심시키면 좋겠지요.

KEY POINT

- 말주변이 없는 사람에게는 체험에 관해 질문하라.
- 열린 질문으로 이야기를 확대해나가라.
- 사적인 질문은 이유를 먼저 말하고 물어라.

오히려 답하기 어려운 질문을
던짐으로써 흥미를 유발하라

어려운 상대에게도 쉽게 할 수 있는 질문의 기술 상급편 ②

오히려 맞추기 어려운 질문 볼을 던져서 상대의 흥미를 찾아가는 방법도 있습니다. 바로 '○○ 중 가장'이라는 식의 질문을 하는 것입니다.

"지금까지 살아오면서 가장 영향을 받은 사람은 누구입니까?"

"가장 좋아하는 책은 무엇입니까?"

"지금껏 만난 사람 중에 가장 기억에 남는 사람은 어떤 사람입니까?”

이 '○○ 중 가장'과 같은 식의 질문은 자주 하기도, 때론 받기도 하는 질문 중 하나이지만 답하기가 쉽지 않습니다. 그 이유는 과거를 장시간에 걸쳐 뒤돌아볼 필요가 있기 때문입니다.

'이제까지 가장 영향을 줬던 사람' 중 하나를 고르라고 한다면 그동안 지나온 과거의 시간을 돌아볼 필요가 있습니다. 또 '가장 좋아하는 책' 중 하나를 고르라고 한다면 이제까지 읽어온 많은 책을 떠올려야 하는 작업부터 시작해야 하지요.

오래전의 정보나 마음속 깊은 곳, 꺼내기 어려운 곳에 잠자고 있던 것들을 끌어내는 데에는 시간이 걸립니다. 게다가 드디어 정보를 떠올렸다고 생각했는데 이번엔 '그중에서 가장'이라는 것을 선택하지 않으면 안 되기 때문에 더욱 어렵습니다. '○○ 중 가장'이라고 하는 질문은 뇌 전체를 스캔하듯 기억해내고, 그중에서 하나만을 골라야 하는, 대답하는 데 굉장한 시간이 걸리는 질문인 것입니다.

저는 이 '○○ 중 가장'이라는 질문을 '분모가 큰 질문'이라고 부릅니다. 왜냐하면 100분의 1 또는 1만 분의 1 등 분모 안에 확장되어 포함되는 선택지가 굉장히 크고 많기 때문입니다. 그런 분모가 큰 질문은 타이밍을 잘 골라 사용하면 큰 힘을 발휘하곤 합니다. 분모가 큰 질문을 던지면 상대는 많은 분모들 가운데 흥미 있는 것을 자신이 선택해주기 때문입니다.

자세한 질문을 거듭하며 찾아가려면 시간이 걸립니다. 하지만 분모가 큰 질문의 경우 상대가 흥미 있어 하는 것을 자신이 골라 알려주기 때문에 짧은 시간 안에 상대의 주요 관심사를 파악할 수 있습니다.

"영화를 좋아하시는군요. 가장 좋았던 영화로는 뭐가 있을까요?"

"네, 〈○○〉, 〈○○〉를 좋아해요. 아, 그리고 최근에는 한류 드라마에 빠져 있어요."

"영업을 하시고 계시군요. 영업하며 가장 힘들었던 기억으로는 어떤 것이 있을까요?"

"가장 힘들었던 거요? 음, 저는 출장이 많지만……."

이런 식으로 상대가 흥미 있어 하는 것을 알려주면 그 키워드를 바탕으로 다음 화제로 넘어가면 됩니다.

실제로 많이 묻는 질문이 '지금까지 본 것 중 가장 인상적이었던 책, 영화, 사람, 말, 음악, 여행' 외에 이제까지 가장 힘들었던 역경이나 슬럼프, 실패담입니다. 이는 대답하기 어려운 것임에는 틀림이 없기 때문에 상대가 말하고 싶어 할 때 사용해보세요.

"물론 대답하기 어려울 거라고 생각됩니다만", 이 한마디를 덧붙이며 물으면 더욱 좋겠지요. 이 말은 상대에게 부담을 주기 전의 매너라고 생각하고 잊지 말아주세요. 당신이 많은 질문 볼을 던져 상대가 관심을 가지고 있는 것을 찾아가는 대신, 상대는 노력을 통해 그것을 찾아줄 것입니다.

질문을 한 다음 상대가 대답하기까지 시간이 걸리는 경우도 있습니다. 그렇다고 초조해할 필요는 없습니다. 그럴만한 질문을 했기 때문입니다. 어떤 대답이 나올지 여유와 미소를 가지고 기다려줍시다.

KEY POINT

- "가장 ○○은 무엇입니까?"라는 질문은 자주 하지만 대답하기 어렵다.
- 분모가 큰 질문으로 상대의 흥미를 구체적으로 끌어내라.
- "답하기 어려울 거라 생각됩니다만"이라고 덧붙이는 것을 잊지 마라.

본심을 말해주지 않는 사람의 경우
일부러 'NO'에 부딪쳐라

어려운 상대에게도 쉽게 할 수 있는 질문의 기술 상급편 ③

당신이 진심을 다해 이야기를 해도 상대가 얼버무리며 농담조로 피하는 등 답하기를 거부할 수도 있습니다. 제대로 대화하고 싶어도 상대의 이야기가 겉돌면 대화가 진척될 수 없습니다.

저도 인터뷰를 할 때 곤란을 겪은 적이 있습니다. 여러 가지질문을 했는데 "아, 네, 그렇지요", "하하하, 그건 좀 재밌는 질문이네요"라며 애매한 대답만 돌아올 뿐 인터뷰 진행이 제대로 안되는 것이었습니다. 그럴 때 도움이 될 수 있는 고도의 테크닉을소개해드리겠습니다. 일부러 'NO'에 부딪치는 방법입니다.

어느 경영자를 인터뷰했을 때의 일입니다. 부친에게 경영을 이어받은 그는 해외에서 예술을 배우기도 했고, 굉장히 스마트하고 매력적인 남성이었습니다. 하지만 성실하게 대답하면 품위가 떨어진다고 생각하는 건지 무엇을 물어도 제대로 대답해주지 않았습니다. 정해진 시간은 자꾸 흘러가는데 특별한 내용은 없고, 표면적인 대화만 오고가는 것이었습니다.

어떻게든 해야 되겠다 싶었던 저는 '아무렴 이렇게는 생각하지 않겠지?'라고 생각한 것을 일부러 질문하며 정면으로 부딪치기로 했습니다. 그 순간 그분의 스위치가 '온(on)' 상태로 바뀌어 "그건 그렇지 않습니다"라고 목소리를 높이며 진지하게 이야기하기 시작했습니다. 그 뒤부터는 어떤 것을 물어도 진지하게 대답해줘 성공적으로 인터뷰를 마칠 수 있었습니다.

왜 그분이 갑자기 길게 이야기해주기 시작했을까요? 벌써 알아차리셨나요? 그것은 바로 **누구나 오해받는 것을 굉장히 싫어하기 때문입니다.** 그래서 "당신은 이렇게 생각하고 있는 거지요?"라고 오해를 받고 있을 때 "그건 이야기가 다릅니다"라고 설명하지 않고서는 못 배기는 거지요. 사람들 입에서 이러쿵저러쿵 이상한 말들이 오가는 것에 대해 가만히 있을 수는 없기 때문입니다.

이 'NO'에 일부러 부딪칠 때 중요한 것은 'WONDER'라는 마음입니다. 'WONDER'는 '왜 그럴까?', '알고 싶어', '이상하네'라고 생각하는 마음을 말합니다.

상대가 나의 질문에 성실하게 대답해주지 않을 때에는 나도 모르게 안절부절못해 공격적인 톤으로 이야기하게 되기 쉽습니다. 그런 목소리로 일부러 'NO'에 부딪치게 되면 상대는 공격받았다고 생각해 싸울 태세로 반격해오게 되겠지요. 그건 당신이 바라는 바가 아닐 것입니다. 어디까지나 상대가 스스로 이야기를 풀어가게끔 'NO'에 부딪치는 것이기 때문에 공격적인 톤이 되지 않도록 순수하게 알고 싶다는 마음으로 질문해나가는 것이 중요합니다.

KEY POINT

- 본심을 말해주려 하지 않는 사람에게는 일부러 오해할 만한 질문으로 밀어붙여라.
- 'WONDER', 즉 '왜 그럴까?', '알고 싶어', '이상하네'라고 생각하는 마음으로 상대의 이야기를 이끌어내라.

사전에 너무 많은
시나리오를 만들지 마라

어려운 상대에게도 쉽게 할 수 있는 질문의 기술 상급편 ④

좋아하는 사람과 첫 데이트를 할 때나 영업을 하며 신상품을 설명해야 할 때에는 언제나 긴장이 되게 마련입니다. 그래서 사전에 질문을 생각하거나 어떤 식으로 이야기해나갈지 그 흐름을 준비하기도 하지요.

저도 DJ가 되고서 처음 몇 년간은 긴장의 연속으로 인터뷰하기 전에 정말 많은 질문을 생각해두곤 했습니다. 질문뿐 아니라 '상대가 이렇게 말하지 않을까?'라고 대답까지 예상해 전체 시나리오를 준비해두었습니다.

더 하이로즈(High-lows)라는 일본의 록 밴드와 인터뷰를 하게 되었을 때 제 손에는 평소보다 더 완벽하게 준비된 시나리오가 있었습니다. 이전에 그 멤버들을 만난 적 있는 한 제작진이 이렇게 귀띔해주었기 때문입니다.

"하이로즈는 좀 어려워요. 진지하게 대답해주지도 않거든요. 각오해두는 편이 좋을 거예요."

그렇지 않아도 겉보기에 좀 무섭다고 생각하고 있던 저는 불안으로 가득해졌습니다. 그리고 드디어 방송 당일, 제 손에 완벽한 흐름의 진행 대본이 있기는 했지만 하이로즈 멤버들은 질문에 제대로 응해주지 않았습니다. 멤버들끼리 뜻도 알 수 없는 말을 주고받으며 웃기만 했습니다. 뭔가 여자아이 이름 같은 것이 이야기에 자주 등장하기에 "아는 분 이야기인가요?"라고 묻자 막 웃어대기까지 했습니다. 더 이상 인터뷰라고 하기보다는 어쩐지 저를 갖고 노는 듯했지만 그럼에도 필사적으로 대본대로 진행하려 질문을 이어갔습니다. 하지만 그들은 끝까지 질문에 성의껏 응해주지 않았습니다.

'어째서 홍보를 하러 온 사람들이 새 앨범에 대해 제대로 이야기하지도 않는 거야?'라는 생각에 저는 내심 화가 나면서도 "인터뷰에 응해주셔서 감사합니다"라고 일단은 예의를 갖춰 인사를 하고는 마무리를 했습니다. 그러자 보컬인 코우모토 히로토 씨가 멤버들에게 이렇게 말하는 것이었습니다.

"역시 화났겠지? 아무리 그래도 우린들 전국을 다니며 매번 같은 질문만 받게 되니 지겹지 않겠어? 그것보다 차라리 오늘 어떤 색깔 팬티를 입었냐고 묻는 편이 재밌지 않겠냐?"

'뭐야, 이 사람 도대체 무슨 말을 하는 거야? 팬티 색깔 따위 누가 궁금하대? 그런 것 따위 물을 리가 없잖아'라고 생각하며 저는 그 자리를 떴습니다. 그리고 집으로 가기 위해 엘리베이터에 타려고 했을 때였습니다. 글쎄 거기에 하이로즈 멤버들이 타고 있는 게 아니겠습니까? 어쩜 이렇게 타이밍이 안 좋을 수 있는지 스스로 '화장실에라도 들르고 올걸' 하고 엄청 후회했지만, 아무리 그래도 거기서 엘리베이터를 타지 않을 수는 없었습니다.

엘리베이터를 타고 내려가는 동안 저는 어색해서 계속 아래만 보고 있었습니다. 그러다 무슨 말이든 해야 할 것 같다는 생각이 들어 "이제 동경으로 돌아가시나요?"라고 묻자 아날로그 레코드가게로 갈 거라고 말했습니다. 게다가 그날 밤 묵을 예정인 호텔이 우연찮게도 제가 머물고 있던 호텔과 같았습니다.

이야기를 나누다 보니 어쩌다 그럼 함께 가자는 분위기가 되어 저도 그 레코드가게에 가게 되었습니다. 그리고 호텔에 도착한 후 멤버들이 게임센터에 같이 가자고 해 '두근두근 메모리얼'이라는 게임을 하며 놀았습니다. 그곳에서 드디어 알게 되었습니다. 인터뷰 때 난데없이 자주 나왔던 여자아이의 이름이 이 게임의 등장인물이었다는 것을……

그렇게 몇 시간에 걸쳐 함께 있으면서 하이로즈 멤버들은 여러 가지 이야기를 들려주었습니다. 가장 인상 깊었던 말은 기타의 마시코토 씨가 전해준 이야기였습니다.

"자신의 의견이 받아들여지려면 우선 결과를 내지 않으면 안돼요. 그렇지 않으면 제 의견 따위, 누구도 들어주지 않는걸요. 어디서든 성과 없는 사람의 얘기는 통하지 않는다고요."

그때 그들이 발표했던 〈Tigermobile〉이라는 앨범의 재킷은 호피무늬였습니다. 그냥 일반종이와 비교하면 비용이 훨씬 많이 드는 그 아이디어를 실현시키기까지의 과정이 그리 순탄치 않았다는 사실을 그때 저는 알게 되었습니다.

제 멋대로 '하이로즈 사건'이라 부르고 있는 이 일련의 사건은 그 후 저의 인터뷰 질을 크게 바꾸는 계기가 되었습니다. **너무 많은 준비를 하면 그것에 사로잡혀 상대가 보이지 않게 된다는** 것을 깨닫게 되었던 것입니다.

대화는 그 순간, 그 장소에 있는 상대와 함께 만들어가는 것입니다. 자신이 준비한 시나리오에 맞춰 상대에게 연기를 하도록 할 수는 없습니다. 그것은 머릿속에 그렸던 것을 완벽하게 재현해내고 싶은 이상에 불과합니다.

중요한 것은 눈앞에 있는 사람을 바라보고, 눈앞에 있는 사람을 느끼는 것입니다. 그렇다고 준비를 전혀 하지 말라는 것은 아닙니다. 다만 준비한 내용은 이미 지난 과거의 일, 준비한 것만 바라보는 것은 과거만 바라보고 있는 것이라 할 수 있습니다.

눈앞에 있는 사람이 과거에만 머물러 있다면 당신은 어떻게 느낄까요? 준비한 원고만 쳐다보며 예정대로만 진행하려 한다면 아마도 당신은 자신의 존재가 무시당하고 있다고 생각되지 않을까요?

불안한 마음에 긴장하고 있을 때 준비한 것에 의지하고 싶은 기분이 드는 것은 저도 뼈저리게 잘 압니다. 하지만 그런 때일수록 다시 한 번 무엇을 위해 이야기하고 있는지 그 목적을 떠올려 봤으면 좋겠습니다.

준비한 대로 이야기를 진행해가는 것이 목적입니까? 아니겠죠? 상대가 이야기하고 싶어 하는 것을 끌어내 안심하며 즐겁게 이야기할 수 있도록 하는 것, 그 목적을 잊지 않는다면 준비한 시나리오를 손에서 놓을 수 있지 않을까요?

- 사전에 너무 많은 준비를 하면 그 자료에 얽매이게 된다.
- 중요한 것은 눈앞에 있는 사람을 바라보고 느끼는 것
- 대화는 그 자리에서 상대와 함께 만들어가는 것
- 불안을 느낄 때면 대화의 목적을 되돌아봐라.

4 질문에 대한 답을 들으려면?

☐ 질문이란 상대에게 주는 선물이라 생각하고
　자신감을 갖고 묻는다.

☐ 의도를 전하고 나서 질문한다.

☐ 상대가 신이 난 듯 물어보면 바로 상대에게 되묻는다.

☐ '상대가 말하기 편한 것 = 최근 있었던 일'부터 묻는다.

☐ 상대의 대답을 받아들였다는 것을 표현하고 나서
　다음 질문을 이어간다.

☐ 단순한 궁금증도 부끄러워 말고 묻는다.

☐ 자세히 관찰해 상대가 애착을 갖는 포인트를 찾아낸다.

☐ 말주변이 없는 사람에게는 굳이 깊게 생각하지 않아도
　대답할 수 있는 질문을 한다.
　– 체험에 대해 질문하되, 열린 질문으로 묻는다.

☐ 상대에게 한발 가까이 가고 싶을 때에는 변화구 질문을 던져라.
　– "가장 ○○한 것은 어떤 것입니까?"라는 질문으로 흥미를 찾아내거나
　　일부러 오해하는 듯한 질문을 한다.

☐ 사전에 너무 많은 문답 시나리오를 준비하지 않는다.

5장

이야기를 절정으로
끌어올리는 대화의 기술

ANIMATE THE CONVERSATION

다양한 방식으로
맞장구를 쳐라

상대를 좋아하게 되고, 말하기 편안한 분위기를 만들고, 마음을 연 상대가 안심하고 하고 싶은 이야기를 해준다면 이제 중요하게 생각할 것은 듣는 법입니다.

누구나 잘 들어주는 사람에게 말하기 편하다고 느끼게 마련입니다. 자신의 이야기를 제대로 듣고 받아들여주면 우리는 그 사람에게 더더욱 이야기하고 싶어집니다.

그렇다면 어떻게 내가 제대로 잘 듣고 있다는 것을 전할 수 있을까요? 눈에 보이는 것이라면 마음을 끄집어내 확인이라도 시켜주면 좋겠지만, 안타깝게도 마음은 눈으로 볼 수가 없지요. 그래서 상대는 당신의 언동을 보고 당신의 마음을 상상합니다.

'언동'이라 함은 곧 말과 행동을 뜻하지요. 결국 당신이 무엇을 말하는지, 무엇을 하는지가 상대에게 마음을 전하는 재료가 되는 것입니다. 바꿔 말해 당신이 아무리 잘 듣고 있다 하더라도 언동이 그렇게 보이지 않는다면 제대로 듣고 있지 않는 것으로 여겨져도 어쩔 수 없습니다. 어찌 됐든 마음은 눈에 보이지 않으니까요.

라디오 DJ가 되고서 2년쯤 지났을 무렵 선배 DJ가 이런 충고를 해주었습니다.

"아까 말이야, 청취자한테 온 팩스를 읽어줄 때 좀 어둡더라. 진지하게 읽으려 했다는 것은 알겠지만 듣는 사람들은 잘 몰라. 그러니까 더 밝게 읽어주는 편이 차라리 나아."

중요한 것은, 자신이 어떻게 하려고 하는가가 아니라 상대에게 어떻게 전달되는가 하는 것입니다. 그 후 저는 저의 언동을 객관적으로 보기로 마음먹었습니다. 표정이나 목소리, 말의 자세라고 할 수 있는 저의 언동이 상대에게 어떻게 비춰지는지 상상하며 말하기로 한 것입니다.

우선 맞장구에 변화를 자주 줘보기로 했습니다. "네", "아니요", "그렇습니까?" 등이 제가 이제껏 주로 사용했던 맞장구였는데, 거의 같은 패턴이어서 이것만으로는 진지하게 듣고 있다는 마음이 전해지지 않을 것 같았기 때문입니다. 그러면서 주변 사람들은 맞장구를 어떤 식으로 치는지 관찰해보니 정말 다양한 유형이 있었습니다.

몇 가지 상황별로 살펴보겠습니다.

흥미가 있음을 표현하는 맞장구로는 "놀랍군요", "믿을 수가 없어요", "정말이에요?", "그래요?", "그래서 어떻게 되었어요?", "대단해요", "그래서요?", "재미있군요", "더 알려주세요", "우와", "오!", "음…", "아…", "그렇군요", "말씀하신 대로입니다", "과연", "저도 그렇게 생각합니다", "지당하신 말씀입니다", "역시", "동감합니다" 등과 같은 것이 있었습니다.

"지당하신 말씀입니다", "동감합니다" 등은 제가 평소에 잘 쓰지 않는 표현이었기 때문에 처음 시도해보았을 때에는 어쩐지 어른이 된 것 같은 느낌이 들었습니다. "오!", "음…", "아…" 등은 짧지만 충분히 맞장구가 된다는 것에 놀랐습니다. 격식을

차리지 않고 편한 상대에게 할 만한 표현이므로 이런 말을 사용할 때에는 상황에 맞는지 잘 살펴야겠지요.

한편 상대의 이야기에 부정도, 긍정도 할 수 없을 때 그전까지 저는 뭐라고 이야기해야 좋을지 몰라 대부분 입을 다물고 있었습니다. 그런데 그럴 때 적절하게 할 수 있는 맞장구가 있었습니다. **부정도, 긍정도 할 수 없을 때 적당한 맞장구로는 "굉장히 흥미로운 생각이군요", "새로운 관점이군요", "독자적인 견해를 가지고 계시군요", "역시 ○○ 씨답습니다", "그럴지도 모르겠군요", "그 견해에 동의하는 분들이 많겠군요" 등과 같은 것이 있습니다.**

이 맞장구들에는 공통점이 있습니다. 찬성인지, 반대인지 태도를 드러내지 않고 보류하고 있는 것입니다.

"굉장히 흥미로운 이야기지만, 저는 반대입니다."
"새로운 관점에서 그 이야기를 더 듣고 싶네요."
"독자적인 견해입니다만, 저의 생각과는 좀 다르네요."

이처럼 뒤에 덧붙이는 말이 있다면 당신이 어떤 생각을 갖고 있는지 밝힐 수 있지만, 앞의 말만으로는 어떤 생각인지 명확히 알 수가 없습니다. 이와 같은 이중 의미를 가진 다의어는 칭찬할 때에는 피하는 것이 좋지만, 반론할 경우에는 굉장히 유용하게 쓰일 수 있습니다. "괜찮네요"라고 거짓으로 말하는 것도 아니고, "다르게 생각합니다"라고 직설적인 반론을 펴 부딪치는 것도 아니기 때문입니다. 상대의 의견을 감정적이 아닌 객관적으로 듣고 있음을 나타낼 수 있는 것입니다.

한 가지 더 부정도, 긍정도 할 수 없는 기분이 들 때 맞장구치는 방법을 소개해보겠습니다. 바로 상대가 이야기한 것을 반복하면서 그 말을 받아들였음을 표현하는 방법입니다.

"그럼 ○○ 씨는 이번 프로젝트에는 반대 입장을 갖고 계시다는 말씀인 거지요?"
"이 예산에서는 쓸데없는 지출이 많다고 생각하시는 거지요?"

동의할 수 없을 때에는 그 생각에서 벗어나고 싶더라도 우선 이처럼 '상대가 그런 생각을 갖고 있다는 사실'을 마음으로 받아들이는 것입니다. 마음에서 받아들인다고 해서 상대의 생각에 동의를 해야 하는 것은 아닙니다. 상대가 그런 생각을 갖고 있다는 사실을 받아들인다는 것은 동의와는 차원이 다릅니다. 그러니까 안심하고 사실을 받아들여보세요. 그런 다음 위와 같이 말을 하게 되면 상대는 자신의 의견이 받아들여졌다고 느끼게 될 것입니다.

예를 들어 "네, 알겠습니다"라고 말은 했지만 전혀 진심이 느껴지지 않는 사람이 있습니다. 혹은 "정말 죄송합니다"라고 말하긴 했지만 '입으로만 말하고 있구나'라고 느껴질 때도 있습니다. 그것은 마음이 동반되지 않았기 때문입니다. **말로는 "YES"라고 하고 마음으로는 "NO"라고 말할 때 전달되는 것은 마음의 소리입니다.**

상대의 이야기를 들을 때에는 어떤 내용이든 상대가 그렇게 생각하고 있는, 상대가 갖고 있는 생각이라는 사실을 받아들여주세요. 상대가 말하는 내용을 수용하는 것은 불가능해도 사실은 받아들일 수 있을 것입니다. 그리고 받아들인 것을 다양한 방식의 맞장구로 표현해야 합니다. 이 책에 실은 맞장구 방식은 극히 일부이므로 꼭 주변에서 사람들이 하는 맞장구를 따라 해보며 실제에 적용해보세요.

맞장구치는 데 익숙지 않은 사람의 경우 막상 맞장구를 치려고 해도 입 밖으로 나오지 않을 것입니다. 그래서 **영어단어 외우**

듯 하나씩 실제로 입 밖으로 소리를 내며 다양하게 맞장구치는 연습을 해야 합니다. 그러면 무의식중에 다양하게 맞장구를 칠 수 있게 될 것입니다.

한 가지 패턴으로만 계속 맞장구를 치면 '이 사람이 내 이야기를 듣고 있기는 한가?'라고 상대는 의심을 할 수도 있습니다. 다양한 방식의 맞장구로 상대의 이야기를 잘 들으며 받아들이고 있음을 표현해보세요.

KEY POINT

- 다양한 방식으로 맞장구를 치며 잘 듣고 있다는 것을 전하라.
- 찬성할 수 없을 경우
  1. 다의어로 대답한다.
  2. 상대는 그렇게 생각하고 있다는 사실을 받아들여라.
- 맞장구치는 데 익숙지 않은 사람은 입 밖으로 따라 하며 몸에 익혀라.

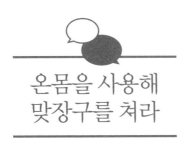

온몸을 사용해
맞장구를 쳐라

말로 하는 맞장구에 이어 신체로 표현하는 맞장구, 언동(言動)에서 '동(動)'을 표현해야 합니다. 고개를 끄덕이거나 목을 옆으로 기울이는 일반적인 맞장구 표현에 더해 신체의 맞장구에도 다양한 변화를 줄 수 있습니다.

예를 들어 심하게 놀랐을 때나 가만히 앉아 있을 수 없을 정도로 마음이 크게 움직였을 때에는 벌떡 일어나며 반응을 할 수 있겠지요. 또 생각을 하고 있거나 자신의 일처럼 받아들일 때, 진지한 상황일 때에는 책상 위에 팔을 겹쳐두는 자세를 취하는 것이 좋습니다. 이때 팔짱을 끼면 위압적인 인상을 줄 수 있으므로 삼가야 합니다.

'더 듣고 싶다', '흥미롭다'고 생각될 때에는 몸을 약간 앞으로 끌어당겨 관심을 표현할 수 있겠지요. 또 이야기를 받아들이는 데 약간 시간이 걸릴 경우 의자에 등을 기대앉는 자세를 취할 수 있습니다. 마음을 다잡거나 집중할 때에는 자세를 바꾸고, 생각을 끄집어낼 때에는 아래를 보고, 생각을 떠올리거나 무언가를 상상할 때에는 위를 바라볼 수도 있을 것입니다. 놀랐을 때에는 눈을 크게 뜨고, 메모를 남겨두고 싶을 정도로 중요한 이야기라고 생각될 때에는 펜과 메모지를 꺼내는 행동도 할 수 있겠지요. 이러한 신체 표현들은 정도의 차이가 있을 뿐 누구나 자연스럽게 하고 있는 것들입니다.

가령 놀랐을 때 눈을 크게 뜨는 것은 많은 정보를 접했을 때 예측 불가능한 사태를 헤쳐 나가고자 무의식적으로 하게 되는 반응이라고 합니다. 하지만 이런 신체를 활용한 맞장구를 무의식에만 맡겨버릴 것이 아니라 의식적으로 표현하게 된다면 신체를 하나의 메시지 전달 수단으로서 사용할 수 있을 것입니다.

아무리 그렇다고 해도 상대가 이야기를 하고 있는데 중간에 벌떡 일어나는 건 실례다, 말도 안 된다고 생각할지도 모르겠습니다. 확실히 조금 과장된 면도 없지 않아 있지요. 저 자신도 이러한 방법이 있다는 것을 가르치고 있기는 하지만 자주 사용하지는 않는 편입니다. 하지만 너무 놀란 나머지 가만히 앉아 있지 못하고 나도 모르게 벌떡 일어났을 때 상대가 굉장히 기뻐했던 적이 있습니다. 상대는 저를 놀라게 할 작정으로 그 이야기를 해주었던 것이기 때문입니다. 또 라디오 진행 중에 종종 벌떡 일어나는 것은 효과적일 때가 있습니다. 마이크에서 몸이 멀어지면서 소리가 멀리서 들려오는 듯한 느낌을 주어 청취자들이 스튜디오의 모습을 떠올릴 수가 있기 때문입니다.

신체의 표현은 마음의 발동에 의해 일어납니다. 그러므로 마음이 움직이지도 않는데 신체를 이용해 맞장구를 친다는 것은 불가능한 일입니다. 그러면 마음이 움직일 때 자연스레 몸이 움직이느냐 하면 반드시 그렇지는 않습니다. 왜냐하면 감정을 밖으로 표출하지 않도록 억누르며 살아갈 것을 요구해온 사회에서는 마음과 몸을 연결해주는 파이프가 굉장히 가늘게 만들어져 있기 때문입니다.

얼굴 표정 또한 마찬가지입니다. 마음의 움직임과 연동되어 표정이 움직이면 말하고 있는 사람은 상대가 어떻게 듣고 있는지 알 수 있기 때문에 안심을 하게 됩니다. 만일 무표정한 상태로 이야기를 듣고 있다면 상대는 불안해지겠지요. '혹시 화가 나 있나?', '내 이야기가 지루한가?', '내 이야기를 받아들일 수 없다는 건가?', '내 이야기에 흥미가 없는 건가?' 등 부정적인 상상을 유도해 피로를 느끼게 합니다. 이렇듯 잘 알 수 없는 것들은 언제나 불안을 초래하게 됩니다. 따라서 이야기를 들으며 느끼는 것을 풍부한 동작과 표정으로 전하면 여러모로 참 좋을 것 같습니다.

일반적으로 댄서나 배우들은 이와 같이 신체를 사용해 맞장구를 치는 데 능합니다. 평소에도 몸으로 여러 가지를 표현하고 있기 때문입니다. 영어로 배우를 '액터(actor)'라고 하지요? 액터라는 말의 어원은 '액션(action)'에서 왔다고 합니다. 결국 배우라고 하는 것은 '몸을 움직여 표현하는 사람'이라고 할 수 있습니다. **눈에 보이지 않는 것을 표현할 때 대사보다도 영향력이 큰 것은 신체를 활용한 표현인 것입니다.**

배우나 댄서가 아닌 이상 보통 의식하며 신체를 사용하지는 않기 때문에 온몸을 사용해 맞장구를 치는 것이 과장된 몸짓 같아 창피하다고 생각할 수도 있습니다. 하지만 그 정도가 딱 좋다고 할 수 있습니다.

〈화법학교〉 학생들에게 일부러 과장되게 몸을 움직여 이야기를 하게 한 다음 촬영해서 영상을 보여주면 대부분 "응? 내가 저것밖에 안 움직인 거예요?"라고 말합니다. 자기가 생각할 때에는 평소보다 세 배는 더 움직인 것 같은데 막상 영상을 통해 객관적으로 보면 별로 움직이지 않은 듯 보이는 것에 대부분 놀랍니다. 이것은 평소에 잘하지 않는 것을 했을 때 우리 스스로 큰 위화감을 느끼기 때문입니다. 하지만 그것을 느끼는 것도 본인뿐이라는 것. 주위에서 볼 때에는 거의 그 변화를 느끼지 못합니다. 따라서 자신이 생각하기에 조금 과장되었다 싶을 정도로 신체를 사용해 맞장구를 쳐보세요.

KEY POINT

• 신체를 사용해 의식적으로 맞장구를 쳐라.
• 풍부한 표정으로 맞장구를 쳐라.
• 맞장구는 조금 과장되었다고 느껴질 정도가 딱 좋다.

머리로 이해한 것을
상대에게 전하라

말과 몸으로, 말하자면 언동으로 이야기를 잘 듣고 있다는 것을 표현했다면 이번에는 이야기를 잘 이해하고 있다는 것을 전해야 합니다.

'이해'에는 두 종류가 있습니다. 머리로 이해하는 것과 마음으로 이해하는 것. 머리로 안다는 것은 상대가 이야기하는 내용을 이해하는 것, 마음으로 안다는 것은 상대가 어떤 기분인지 감정적으로 이해하는 것을 말합니다. 우리는 보통 말을 할 때 이 두 가지 측면의 이해를 상대에게 바랍니다.

"내용은 잘 모르겠지만 감동했다"든가 "머리로는 이해가 되는데 감정적인 면에서는 납득이 안 된다"는 말을 듣게 되면 기분이 그다지 좋지 않을 것입니다. 그러므로 상대를 주인공으로 만들기 위해서는 머리와 마음 양쪽 측면에서 모두 이해한 것을 상대에게 전해야 합니다.

우선 '머리로 이해했다'는 것을 전하는 방법을 살펴보겠습니다. **이야기의 내용을 머리로 이해했다는 것을 표현하기 위해서는 상대의 이야기를 요약해야 합니다.**

예를 들어 지금 이 부분에서 설명하는 내용을 요약한다면 다음과 같습니다.

"그렇군요. 머리와 마음 둘 다 알아주는 것, 말하는 사람은 그것을 바라고 있는 거군요."

이렇게 말할 수 있겠지요. 이런 식으로 가끔씩 상대의 이야기를 복습하듯이 요약해서 말하면 상대는 '정확하게 잘 이해해주고 있구나' 하고 안심하며 이야기를 계속 이어갈 수 있을 것입니다.

요약이라고 하면 어렵게 생각할 수도 있지만, 단지 당신이 상대의 말을 어떤 식으로 듣고 있는지 말로 하기만 하면 됩니다. 상대의 이야기 전체를 기억해야만 하는 것도 아니고, 전체 내용을 망라할 정도로 고도의 기술을 요하는 것도 아닙니다.

사람들은 말을 할 때 같은 내용을 여러 번 반복하곤 합니다. 중요한 내용일수록 시점이나 부분적인 측면을 바꿔가며 내용을 확인하듯, 혹은 생각을 정리해가듯 말을 하지요. 따라서 상대의 이야기 가운데 반복적으로 나왔던 주제나 말을 힌트로 상대가 전하려고 하는 것을 자신은 어떻게 이해했는지 표현하기만 하면 되는 것입니다.

이때 상대가 전하고자 했던 내용과 당신이 이해한 것에 차이가 있었다는 것이 밝혀지면 그 부분을 바로잡을 수 있는 기회가 됩니다. 그 차이가 적은 단계에서 문제를 해결한다면 큰 오해가 생기거나 "말을 했네, 안 했네" 하며 다투는 일은 피할 수 있겠지요.

상대의 이야기를 요약할 타이밍은 상대가 한숨 돌릴 때입니다. 이야기하고자 하는 것을 끝내면 '휴' 하며 잠시 한숨 돌리는 순간이 반드시 찾아옵니다. 그때야말로 상대의 말을 요약할 타이밍입니다. 어디까지나 상대가 이야기를 끝냈을 때 잠깐씩 요약하는 정도로만 말해주세요. 요약에 너무 집중하면 상대의 이야기에서 요점을 놓칠 수가 있습니다.

KEY POINT

- 이야기의 내용을 어떻게 이해했는지 표현하라.
- 잘못 이해한 부분이 있다면 해결하고 나서 다음 이야기로 넘어가라.
- 상대가 잠시 한숨을 돌리는 타이밍에 이야기를 요약하라.

마음으로 이해한 것을
상대에게 전하라

　'머리'에 이어 이번에는 '마음'으로 이야기를 잘 이해하고 있
다는 것을 표현하는 방법을 소개하겠습니다. **상대의 감정을 마**
음으로 이해하고 있다는 것을 전하기 위해서는 우선 상대가 어
떤 감정으로 이야기하고 있는지 파악해야 합니다.

　감정은 크게 나누자면 두 종류밖에 없습니다. 바로 '유쾌'와
'불쾌'입니다. 상대가 지금 유쾌하다고 느끼고 있는지, 불쾌하다
고 느끼고 있는지 생각해야 합니다.

　유쾌와 불쾌의 감정을 일으키는 것은 바로 욕구입니다. 욕구

가 충족되면 유쾌한 기분이 들고, 욕구가 충족되지 못하면 불쾌한 기분이 듭니다.

평소 다른 사람의 마음을 잘 파악 못하겠다고 고민하는 사람도 어렵게 생각할 필요가 없습니다. 배가 고파 밥을 먹고 싶을 때 밥을 먹고 배가 불러오면 기분이 좋아지지요. 하지만 너무 바빠서 좀처럼 먹을 수 없는 때에는 안절부절못하거나 말수가 줄어들게 됩니다. 욕구가 충족되면 유쾌! 충족되지 못하면 불쾌! 마음은 의외로 단순한 것입니다.

상대의 감정이 유쾌한지, 불쾌한지 파악이 되었다면 이번에는 그러한 감정을 일으킨 욕구를 주시해봅시다. 유쾌한 상태라면 어떤 욕구가 충족되어 유쾌한지, 불쾌한 상태라면 어떤 욕구가 충족되지 못해 불쾌한 것인지 예측해 말로 해보는 것입니다.

예를 들어 상대가 이렇게 말했다고 가정해봅시다.

"우리 집사람은 아침에 내가 일하러 가야 하는데도 전혀 일어날 생각도 안 해. 마지막으로 아침밥을 먹어본 게 언제였는지 기억도 안 날 정도라니까."

이때 우선 상대의 감정 상태가 유쾌한지, 불쾌한지 구분해야 합니다. 상대가 즐거운 듯 웃고 있다면 유쾌한 것이고, 잔뜩 뾰로통한 모습이라면 불쾌한 것이라고 볼 수 있겠지요. 이렇듯 상대의 표정이나 목소리 톤이 힌트가 됩니다.

이어서 그 감정을 불러온 욕구를 상상해봅시다. 유쾌한 경우와 불쾌한 경우에는 각각 어떤 욕구가 원인으로 자리 잡고 있을까요? 추측할 수 있는 것은 다음의 욕구입니다.

즐거운 듯 말하고 있을 때(= 유쾌)

1. 집사람이 아침에 늦잠 자는 것도 받아들일 수 있을 정도로 자신은 마음이 넓은 사람이 되고 싶어 한다.

→ 실제 늦잠 자는 것을 받아주고 있기 때문에 유쾌한 것

2. 자잘한 것까지 신경 쓰지 않는 대범한 인간이고 싶어 한다.

→ 크게 신경 쓰지 않고 대범하게 대처하고 받아들이고 있기 때문에 유쾌한 것

수긍 못하듯 말하고 있을 때(= 불쾌)

3. 부인과 더 많은 시간을 함께하고 싶어 한다.

→ 하지만 아침에 함께할 수 없기 때문에 불쾌한 것

4. 열심히 일하며 애쓰고 있는 것을 부인에게 인정받고 싶어

   한다.

   → 하지만 부인이 알아주지 않기 때문에 불쾌한 것

5. 부인이 자신을 좀 더 챙겨주면 좋겠다고 생각한다.

   → 하지만 아침에 일어나주지도 않기 때문에 불쾌한 것

어떤 욕구가 내재되어 있을지 추측이 된다면 그것을 말로 전해야 합니다.

1. "부인이 아침에 늦잠을 자도 괜찮다니 마음이 참 넓으시군

   요. 저 같으면 그렇게 받아들이지 못할 것 같은데……."

2. "○○ 씨가 자잘한 것은 대수롭지 않게 생각하는 대범함을

   가지고 있어서 부인은 마음 놓고 ○○ 씨에게 일을 맡길 수

   있겠군요."

3. "부인과 함께할 수 있는 시간이 더 있으면 좋겠지요."

4. "○○ 씨가 정말 애쓰며 열심히 일하고 있다는 것을 부인

   도 좀 알아주면 좋을 텐데요."

5. "부인의 내조는 정말 큰 힘이 되지요. 그래서 내조의 역할

이 중요하다고 생각하고 계시는군요."

이때 내가 추측하고 상상한 욕구가 맞을지 틀릴지 걱정되거나 불안할 수도 있겠지만, 사실 그게 맞고 틀리고는 그다지 중요하지 않습니다. 왜냐하면 그것은 상대의 욕구이기에 원래부터 알 수 없다는 것이 전제되어 있기 때문입니다. 그리고 사실 이렇게 말하고 있는 저도 대부분의 경우 정답을 알지 못합니다. 자신의 욕구는 의식적으로 생각했을 때 비로소 보이는 것이기 때문입니다.

만일 당신이 상상한 욕구가 정답이었다고 했을 때 상대는 '아, 그런가? 내가 그렇게 생각하고 있었나?'라고 그제야 자신의 욕구를 알아채며 뭔가 안심을 하게 될 수도 있습니다. 그리고 자신도 알아채지 못했던 것을 말로 전해준 당신을 보며 '이 사람은 나를 잘 알아주는구나' 하고 신뢰를 하게 될 수도 있습니다.

반대로 오답인 경우에는 오히려 이야기가 좀 더 깊어질 수 있습니다. 가령 당신이 추측해 말한 욕구가 틀렸다고 합시다. 그러면 상대는 "아니요, 그렇다는 얘기가 아니에요"라고 말하면서 속으로는 '그럼 나 자신의 욕구는 뭐지?'라고 생각하며 스스로 정답을 찾아가기 시작할 것입니다.

이때 '내 얘긴 그게 아니다'라고 말한다 해도 정답을 바로 알 수 있는 것은 아닙니다. 사람들은 대체로 자신이 정말로 바라는 것이 무엇인지 그 욕구를 말로 설명하는 것에 익숙지 않습니다. 때문에 "아니야"라고 말한 상대가 그다음 잠깐 생각하는 모습을 보인다 해도 걱정할 필요는 없습니다. 잠시 침묵이 흐르면 불안해질 수도 있겠지만 상대에게 있어서 그것은 꼭 필요한 순간인 것입니다.

중요한 것은 당신이 상상한 욕구가 맞았는지, 틀렸는지 하는 것이 아니라 그 욕구를 전함으로써 상대가 초점을 자신의 욕구로 향하도록 하는 것입니다. 본심을 받아들이지 않을 수 없게 된 결과, 이야기가 좀 더 진지하고 깊어질 수 있다는 것에 의미가 있습니다. 상대의 욕구와 감정을 이해하고자 하는 당신의 마음은 상대의 속마음을 밖으로 끌어내 깊이 있는 이야기를 할 수 있는 계기를 마련해줄 것입니다.

어쩌면 상대가 욕구를 솔직히 이야기하려 하지 않을 수도 있습니다.

"나도 '집사람이 아침에 늦잠 자고 그러면 그 정도는 이해해줄 수 있는 마음 넓은 사람이 되어야지'라고 생각하긴 했는데 진짜 내가 그렇게 하고 있다니, 나도 제법이네."

"나도 애쓰며 노력하고 있다는 걸 집사람한테 인정받고 싶은데 그러지 않으니 불만이야."

이런 식으로 욕구를 스스럼없이 말할 수 있다면 커뮤니케이션은 훨씬 잘 이루어지겠지요. 서로가 무엇을 생각하고 있는지 보다 깊이 알 수 있게 될 테니까요. 하지만 사회에서 일일이 감정을 표출하며 일을 할 수는 없기 때문에 사람들은 감정을 억누르는 것에 익숙해져 있습니다. 자기 안에 생겨나는 감정을 보고도 못 본 척하기 일쑤입니다.

들여다보려 하지 않아도 감정은 존재하게 마련입니다. 보지 않으려 한다고 해서 사라지기는커녕 억누르고 있는 만큼 오히려 더 강해집니다. 따라서 감정을 들여다보려고 노력하는 것은 굉장히 중요합니다. 당신이 상대의 마음을 이해하려고 노력한다면 상대의 의식도 자신의 마음으로 향할 것입니다. 혼자서는 자신의 감정을 인정할 수 있는 여유를 갖기 어렵겠지만 함께해주는 사람이 있다면 그것이 가능해질 것입니다. 이것이 바로 대화의 묘미라고 할 수 있겠지요.

상대의 욕구를 상상하며 말로 전할 때 만일 당신의 상상이 맞는다면 신뢰는 깊어지고, 틀린다고 해도 이야기는 깊어질 수 있습니다. 어느 쪽이 되었든 상대를 이해하려는 마음이 상대의 마음을 열게 한다는 것을 기억해주세요.

KEY POINT

- 상대의 감정이 '유쾌'한지, '불쾌'한지 분별하라.
- 어떠한 감정을 일으킨 근거, 즉 상대의 욕구를 상상하고 말로 표현하라.
- 설사 상상한 것이 틀리다 해도 상대의 속마음에 함께 다가가라.

제안은 상대가
받아들일 상태가 되었을 때 하라

언젠가 친구 네 명이서 함께 식사를 했을 때의 일입니다. 영업일을 하는 한 친구가 이렇게 말했습니다.

"난 항상 상대의 이야기를 열심히 들어주는 편이거든. 그런데 사람들이 왜 항상 나보고 제대로 듣고 있지 않다고 말하는지 모르겠어."

그 친구를 제외한 나머지 세 명은 그 이유를 알고 있었습니다.

그는 언제나 "이렇게 하는 게 나아", "저렇게 하는 게 나아"라고 제안을 하지만 상대방은 그가 자신의 이야기를 들어주지 않는다고 느끼기 때문입니다.

흔히 대화를 할 때 여성은 이야기를 들어줬으면 할 뿐인데 남성은 해결책을 찾아줘야 한다고 생각한다고 하지요. 과연 그럴까요?

예를 들어 당신이 이런 말을 했다고 가정해봅시다.

"우리 집사람은 아침에 내가 일하러 가야 하는데도 전혀 일어날 생각도 안 해. 마지막으로 아침밥을 먹어본 게 언제였는지 기억도 안 날 정도라니까."

이때 이런 조언을 받는다면 어떤 기분이 들까요?

"부인한테 빨리 일어나라고 말하는 게 좋겠어."
"부인도 피곤할 테니 일일이 따지지 않는 편이 낫지 않을까?"
"네가 챙겨서 먹으면 되잖아."

해결책을 제안받았다면 이렇게 느끼지 않을까요?

'그걸 이야기할 수 없으니까 고생하는 거지.'
'그건 나도 아는데 자꾸 화가 나니 그만 말을 하게 되네.'
'내가 혼자 챙겨 먹을 수 있었으면 처음부터 그렇게 했겠지.'

굳이 말로 하지 않는다고 해도 마음속으로는 반론을 하고 싶어질지도 모릅니다.

남자든 여자든 이야기를 할 때 상대에게 우선 원하는 것은, 그 뜻을 알아주는 것입니다. 상대가 이야기를 잘 들어주고, 부정하지 않고 받아들여 머리와 마음으로 이해해주기를 바라는 것입니다.

결국 듣는 사람에게 바라는 것은 다음의 세 단계입니다.

1단계, 들어주는 것
2단계, 받아들여주는 것
3단계, 이해해주는 것

해결책을 제시하지 않는 편이 낫다고 이야기하는 것이 아님니다. '의견을 전하기 전에 상대가 제안을 받아들일 수 있는 상태가 되도록 만드는 것이 우선'이라는 것입니다. 상대가 당신의 제안을 받아들이는 것이 가능한 것은 이 세 단계가 충족된 다음입니다.

- 제안을 하기 전에 '들어주고, 받아들여주고, 이해해주는 모습'을 보여라.

상대가 왜 그 이야기를
하는지 생각하라

상대의 말을 이해하는 방법에 대해 조금 더 살펴보겠습니다.

"우리 집사람은 아침에 내가 일하러 가야 하는데도 전혀 일어
날 생각도 안 해. 마지막으로 아침밥을 먹어본 게 언제였는지 기
억도 안 날 정도라니까."

이렇게 말한 사람에게 "아침밥은 양식 스타일이 좋겠습니까,
아니면 한식 스타일이 좋겠습니까?" 등과 같이 지엽적인 부분

에 치중해 묻는다면 상대는 분명 실망할 것입니다. 알아줬으면 하는 감정과 거리가 먼 이야기에 갑자기 분위기가 가라앉게 될 수도 있습니다. 이 경우 아침식사가 양식이든 한식이든 상대의 욕구나 감정과는 전혀 상관이 없습니다. 자신이 왜 그 이야기를 꺼냈는지 진의를 '알아주지 않는다'고 느끼면 상대는 더 이상 당신과 이야기하고 싶은 기력마저 상실하게 될 것입니다. 상대가 들어줬으면 하는 것은 자신이 하는 말 그 자체가 아닙니다. 그 말에 숨어 있는 '알아주길 바라는 욕구와 감정'인 것입니다. 그러기 위해 제가 저 자신에게 반복해서 하는 질문이 있습니다.

'이 사람은 왜 이 이야기를 하는 걸까?'

우리는 누구나 말하고 싶은 것이 있을 때 이야기를 합니다. 물론 그렇다고 해서 모든 것을 솔직하게 말로 다 표현하지 않는다는 것은 앞에서도 이야기했었지요. 또 말을 하면서도 본인이 어떤 욕구를 알아주었으면 하는지 잘 모를 때가 많다는 것도 이야기했었습니다. 그렇기 때문에 '이 사람은 왜 이 이야기를 하는 걸까?'라고 하는 질문을 해야 하는 것입니다. 이러한 질문을 마음속으로 해보면 상대와 함께 그것에 대해 생각을 하게 됩니다.

이것이야말로 상대의 마음에 한 발자국 다가가는 길입니다.

그렇다면 이야기는 어디에서 생겨난다고 생각하십니까? **이야기의 원천은 감정입니다. '기쁘다, 즐겁다, 슬프다, 분하다, 안타깝다' 등 마음이 움직이기 때문에 우리들은 이야기를 하고 싶어 하는 것입니다.** 물론 그 마음의 움직임에 딱 들어맞는 말이 상대의 입을 통해 나올 수 있는 데에는 한계가 있습니다. 그래서 그 감정을 일으킨 욕구를 찾아내야 하는 것입니다.

'이 사람은 왜 이 이야기를 하는 걸까?'

그렇게 스스로에게 물어보면 상대의 말을 표면적으로만 받아들이거나 지엽적인 부분으로 뻗어나가 상대를 실망시키거나 하는 발언은 줄어들고 상대조차도 알 수 없었던, 정말 '알고 싶은' 부분에 가까이 다가갈 수 있게 될 것입니다.

KEY POINT

- '이 사람은 왜 이 이야기를 하는 걸까?' 하고 항상 생각하라.
- 표면상의 말보다도 이야기의 원천인 감정과 욕구에 귀 기울여라.

"나도"라고 말하며
이야기를 가로채지 않는다

"우리 집사람은 아침에 내가 일하러 가야 하는데도 전혀 일어
날 생각도 안 해. 마지막으로 아침밥을 먹어본 게 언제였는지 기
억도 안 날 정도라니까"라고 말하는데 "나도 알아, 우리 집사람
도 똑같아. 우리 집은 말이야…"라며 공감한답시고 이야기를
중간에 가로막는 경우가 있습니다. 그런 식으로 이야기를 가로
채지 않도록 주의해야 합니다.

우리는 누구나 공통점을 발견하면 "그 맘 뭔지 알겠어. 알아,
알아!"라고 흥분하며 그만 자신의 이야기를 꺼내기 쉽지요. 이

때 사용하는 말, 예를 들어 "우리 집사람도", "나도"라고 하는 "Me too"는 공감하고 있는 것처럼 들리기 때문에 상대와 공감대가 형성되어 커뮤니케이션이 잘 이루어지고 있다고 생각될지도 모릅니다.

여기서 잠깐, 여러분이 "Me too"라는 말을 들었던 때의 기억을 한번 떠올려보시기 바랍니다. 당신이 이야기를 하고 있는데 중간에 "그 맘 알아! 나도 있잖아…"라며 상대가 이야기를 시작해버렸을 때 당신은 어떤 생각이 들었나요? '마지막까지 들어주면 좋았을 텐데' 하고 아쉬운 마음이 들지는 않았나요? 그 순간 기뻤다고 말하는 사람은 아마도 적을 거라고 생각됩니다.

"나도"라고 말하면 확실히 공감대는 형성이 됩니다. 단, 그때 당신이 공감하고 있는 것은 상대의 과거이지 현재가 아닙니다. 상대가 말하려는 이야기는 이미 지나간 과거의 일이기 때문입니다. 하지만 상대의 감정은 과거에는 없습니다. 감정을 느끼는 것은 지금 이 순간입니다. 감정은 지금 이 순간밖에 느낄 수 없는 것이기 때문입니다. 그래서 우리는 상대가 과거의 이야기에 공감을 해주더라도 전혀 기쁘지 않은 것입니다. 원하는 것은 지금 여기서 느끼는 감정에 대한 공감인 것입니다.

"나도"라고 하며 그만 이야기를 가로채버리지 않기 위해 평소 해두면 좋은 것이 있습니다. 그것은 바로 **자신의 이야기하고 싶은 욕구를 충족시켜두는 것입니다.**

말하고 싶은 것을 충분히 하지 않으면 마음속에 쌓여 있던 감정이 '밖으로 나가고 싶다'고 외치기 시작합니다. 그러면 자기 스스로 하지 말아야 한다는 것을 알면서도 상대의 말을 가로채버리게 되는 것입니다. 그것이 중증이 되면 "응, 알아. 나도…"라고 말해가며 완전히 다른 이야기를 시작해버리게 됩니다.

"Me too"라고 말하고 싶어졌다는 것은 말하고 싶은 욕구가 해소되지 않았다는 불만의 신호이므로 주의해주세요.

KEY POINT

- 상대가 말하고자 하는 화제를 다른 것으로 바꾸지 마라.
- "나도"라며 당신이 공감하고 있는 것은 상대의 과거라는 사실!
- 이야기를 가로챈다는 것은 자신의 이야기하고 싶은 욕구가 충족되지 않았다는 신호다.

상대의 이야기가 끝날 때까지
화제를 바꾸지 마라

한 가지 더, 남의 이야기를 가로챌 때 자주 사용하게 되는 말이 있습니다. 그건 바로 "…라고 하니까 말인데"라는 말입니다. 이는 화제를 바꾸고자 할 때 굉장히 편리하게 사용할 수 있는 말입니다. "○○ 씨라고 하니까 말인데…"라고 말을 꺼내면 언뜻 이야기가 이어지는 것처럼 보일 수도 있지만 사실 화제를 바꿔 버리는 것입니다.

예를 들어 "우리 집사람은 아침에 내가 일하러 가야 하는데도 전혀 일어날 생각도 안 해. 마지막으로 아침밥을 먹어본 게 언제였는지 기억도 안 날 정도라니까"라고 말하는 상대에게 "…라고 하니까 말인데"라는 표현을 사용해 화제를 바꿔보겠습니다.

"**아침밥이라고 하니까 말인데** 요전에 우리 집 아이가……."
"**늦잠이라고 하니까 말인데** 내가 고등학생 때……."
"**아침이라고 하니까 말인데** 오늘 아침 깜짝 놀랄 일이 있었거든……."

이처럼 "…라고 하니까 말인데"라는 표현을 사용할 때에는 상대가 말하고 있던 단어를 붙여 화제를 바꿀 수 있게 됩니다. 그렇기 때문에 화제를 바꾼 당신은 자연스레 이야기를 이어가고 있다고 느낄 수도 있습니다. 하지만 상대는 어떻게 느낄까요? 자신이 무언가 말하려던 것이 있었는데 전혀 다른 이야기가 전개되는 것에 실망하겠지요. 그러면서 '이 사람은 남의 이야기를 잘 들어주지 않는 사람이다'라고 유감스러운 감정을 갖게 될 것입니다.

"…라고 하니까 말인데"라는 말을 사용하면 이야기가 이어지는 듯하면서 다른 주제로 이야기를 바꿀 수 있기 때문에 지루하고 긴 이야기를 끊기에는 굉장히 유용합니다. 하지만 상대가 아

직 이야기를 끝내지 않았을 때에는 사용하지 않도록 주의해야
합니다.

KEY POINT

- 상대의 이야기가 끝날 때까지는 "…라고 하니까 말인데"라고 말하며
  화제를 바꾸지 않는다.

잘 알아듣지 못했다면
질문이 아닌 확인을 하라

고객이나 상사 등 자신이 대접해야 하거나 자신보다 직급이 높은 사람의 이야기를 잘 알아듣지 못했을 때 "다시 한 번 더 말씀해주시지 않겠습니까?"라고 말하기는 쉽지 않지요. 그렇다고 해서 괜히 아는 체했다가는 나중에 더 큰 문제가 일어날 수도 있습니다. 그런 때에는 질문이 아닌 확인을 해야 합니다.

예를 들어 상사가 누군가를 칭찬하고 있는데 그것이 김○○ 씨인지, 이○○ 씨인지 잘 알아듣지 못했다고 해서 "네? 김○○ 씨요?"라고 묻게 되면 상대가 하는 이야기의 요점을 놓치게 됩니다. 또 사람에 따라서는 '당신 발음이 안 좋아서 잘 알아듣지 못했다'고 잘못을 지적받은 것처럼 느껴 불쾌하게 생각할 수도 있습니다. 그래서 잘 알아듣지 못했을 때에는 질문이 아닌 확인을 하는 것이 좋습니다. 마치 알아들은 것처럼 말입니다.

"그렇지요, 김○○ 씨는 자상한 분이니까요."

이때 '김○○'라고 하는 이름을 상대가 정확히 알아들을 수 있도록 천천히 또박또박 말하는 것이 포인트입니다. 만일 틀렸다면 상대는 "아니요, 이○○ 씨요!"라고 말해줄 테고, 맞았다면 아무 말도 하지 않겠지요. 이렇게 하면 확률은 50 대 50. 가령 틀렸다고 하더라도 질문할 때보다는 이야기의 흐름을 유지하기가 쉽습니다. 만약 단어가 아닌 이야기 자체가 잘 이해되지 않을 때에는 내용 전체를 요약해서 다음과 같이 확인해야 합니다.

"○○씨가 △△라는 생각을 갖고 있다는 것으로 받아들여지는데, 맞습니까?"
"○○씨가 △△라고 생각하고 계신다고 저는 이해했습니다만, 맞습니까?"

이처럼 자신이 받아들인 방법이나 이해한 내용이 맞는지 확인해야 하는 것입니다. 그러면 그중 설사 틀린 내용이 있다고 하더라도 상대의 잘못이 아닌 자신의 부주의로 돌리는 것이 가능합니다. 자신의 받아들이는 방법이나 해석, 이해 방식이 잘못되었던 것이 되기 때문에 상대의 이야기가 이해하기 어려웠다고 지적할 필요도 없습니다.

당신이 이야기를 알아듣기 힘들거나 이해하기 힘들다고 느낀 사람에게는 이제까지 몇 번이고 되물어봤을 가능성이 높습니다. 그것이 손윗사람이라면 되묻거나 잘못을 지적받은 것에 자존심이 상할 수도 있겠지요. 그런데 **듣는 입장인 당신의 실수가 된다면 상대는 굳이 기분 나쁜 감정을 갖지 않아도 될 것입니다.**

KEY POINT

- 제대로 알아듣지 못한 낱말은 천천히 반복하며 질문이 아닌 확인을 한다.
- 자신이 받아들인 방법이나 이해한 내용이 틀리지 않았는지 확인한다.
- 상대의 이야기 중 잘 알아듣지 못한 부분이 있을 경우 자신의 듣는 방식이 잘못되었던 것으로 만든다.

상대의 말실수를
직접적으로 지적하지 마라

상대가 잘못 말했을 때에도 앞에서 설명한 것과 같은 방식으로 대응을 하는 것이 좋습니다. 흔히 '생각이 다르다'를 '생각이 틀리다'라고 표현하는 사람들이 많습니다. 그럴 때 "아니에요, '생각이 다르다'예요"라고 지적하면 상대에게 수치심을 안겨주게 됩니다. 그런데 라디오 방송을 할 때 이런 식의 실수를 그대로 두었다가는 청취자들에게 오해를 불러일으키기 십상입니다. 수험생이 듣고 있을 가능성도 있으니까요. 그럴 때 저는 상대가 잘못 말하고 있는 것을 모르는 척 아무렇지도 않게 바르게 말합니다.

"아, 알겠습니다. 그렇게 생각이 다를 수도 있습니다."

이런 식으로 **상대의 말이 끝나고 바로 뒤에 정정해서 말하는 것입니다.** 그러면 눈치 빠른 분들은 바로 알아챕니다.

여기서 '바로 뒤'라고 하는 것이 굉장히 중요한 포인트입니다. 바로 뒤에 말을 하게 되면 '어? 혹시 틀리다가 아니라 다르다라고 표현해야 하는 거야?' 하는 표정으로 상대는 아이컨택을 해옵니다. 그럴 때 저는 동석하고 있는 다른 사람들이 알아차리지 못하도록 아이컨택으로 답해줍니다. 굳이 다른 사람에게까지 상대가 틀리게 말한 것을 알릴 필요는 없기 때문입니다. 이처럼 말하는 법을 조금만 바꿔도 상대 입장에서는 받아들이기가 쉽습니다. 그리고 그 상황에서 굳이 틀린 말을 바로잡을 필요가 없을 때에는 상대의 체면을 우선시하는 것도 배려입니다.

KEY POINT

- 상대가 잘못 말했다면 알아채지 못한 척하고 아무렇지 않게 바로잡아라.
- 상대의 말실수를 직접적으로 지적하지 않으며 상대의 체면을 세워줘라.

모임에서 겉도는 사람을
만들지 마라

분위기를 띄울 수 있는 대화 비결 ①

이제부터 여러 명이 그룹을 이루어 이야기할 때 분위기를 북돋울 수 있는 비결을 알려드리겠습니다. 주인공으로 만들고자 하는 사람이 두 명 이상이거나 그룹의 한 사람을 주인공으로 만들어 그 자리의 전체적인 분위기를 고조시키고자 할 때 실천하면 좋은 방법입니다.

예를 들어 주인공이 이야기하고 있는데 누가 봐도 대화에 동참하지 못하는 사람이 있다고 칩시다. 그 사람만 모르는 것이 화제가 되었을 수도 있고, 혹은 그 사람이 늦게 와서 모르는 경우에도 그럴 수 있겠지요. 그럴 때 한 사람 정도는 떨어져나가도 상관없다고 생각해서는 안 됩니다. **단 한 사람이라도 겉도는 사람이 있다면 그 자리는 일체감을 갖지 못해 분위기가 고조될 수 없기 때문입니다.**

감정과 심장에 대해 연구하고 있는 미국의 '하트매스연구소(HeartMath Institute)'에 의하면, 인간의 심장은 주위에 직경 약 3미터의 자기장을 만들어내고 있어서 그 자기장에 의해 우리가 타인의 감정을 느낄 수 있다고 합니다. 결국 분위기에 동참하지 못하는 사람이 한 명이라도 있다면 그 기운은 주위 3미터까지 퍼지게 되는 것입니다.

주인공의 주변에는 일체감이 있는 분위기가 필요합니다. 그러기 위해서는 전원이 이야기를 이해하고, 같은 공간이라는 테두리 안에 있는 것이 중요합니다. **만약 이야기에 끼지 못하는 사람이 있다면 티 나지 않게 개요를 요약해 설명하거나, 전문용어 등은 "방금 한 말의 뜻 알아?"라고 확인해봅시다.** 그 사람이 다른 사람에게 폐를 끼치기 싫어 "모른다"고 말하지 못하는 타입이라면 그를 대신해 이야기를 하고 있는 사람에게 질문을 하는 것도 좋습니다. 잘 모르는 척 행동하며 "방금 그건 무슨 뜻이었지?"라고 묻는 것입니다. 이야기의 흐름이 끊어지지 않을까 염려될 수도 있겠지만 괜찮습니다. 말하고 있던 사람에게는 일부러 물어주었다는 것이 느껴지기 때문입니다.

라디오에서 인터뷰를 할 때 종종 '지금 출연한 게스트의 말을 청취자들이 잘 알아들을 수 있을까?' 하고 걱정될 때가 있습니다. 함께 출연한 게스트가 모두 그 주제의 전문가는 아니기 때문입니다. 이야기가 다른 곳으로 새거나, 말이 빠르거나, 때때로 전문용어가 나와 이해하기 어려운 경우도 있습니다. 그럴 때 저는 잘 이해하지 못한 사람도 있을 거라고 가정하며 '듣고 있는 사람들의 대표'라고 생각하고 질문을 합니다. 그러면 나중에 게스트들이 이렇게 말하기도 합니다.

"죄송해요. 조금 전 제 얘기가 좀 이해하기 어려웠지요? 질문해줘서 고마웠어요."

이야기하고 있는 사람은 모두를 위해 한 사람이 나서서 질문해주었다는 것을 알아챌 수 있습니다. 제가 이해하기 어려운 이야기를 해버렸을 때 다른 사람을 위해 질문을 해주는 사람이 있으면 저 역시 바로 압니다. 그리고 전체를 배려해주는 그분에게 감사하는 마음이 생기곤 합니다. '모두를 위해'라고 생각하면 자신을 위해 질문을 할 때보다 용기가 솟구쳐 나오게 됩니다. 말하고 있는 사람을 주인공으로 만들 수 있는 사람이야말로 음지의 영웅인 것입니다.

- 화제에 동참하지 못하는 사람이 한 명이라도 있다면 그 공간의 분위기는 살아날 수 없다.
- 자신은 이해했어도 모두를 위해 질문을 하라.

끝없이 이어지는
지루한 이야기를 막아라

분위기를 띄울 수 있는 대화 비결 ②

여러 사람이 모인 자리에서 한 사람의 이야기가 끝없이 이어져 동석하고 있는 사람들이 지루해하고 있다면 용기를 내서 이야기를 가로막아야 합니다. 그 자리에 있는 사람 모두가 어쩔 수 없이 들어주고 있는 것이 눈에 보인다면 아무도 이야기하고 있는 그 사람을 주인공으로 생각하지 않는다고 할 수 있습니다. 그렇다고 이야기를 무리하게 막아서 그 공간의 분위기를 망치고 싶지는 않겠지요.

저 역시 그와 같은 이유로 인터뷰를 할 때 마음고생을 한 적이 있습니다. 라디오에서는 이야기할 수 있는 시간이 세세하게 정해져 있습니다. 가령 "58분 46초로 이야기를 끝내줘"라는 식으로 핀포인트 지시가 내려지는 건 다반사. 그나마도 저 혼자서 이야기한다면 조절이 가능한데, 게스트가 있는 날에는 장담할 수가 없습니다. 특히 전화 인터뷰를 할 때에는 상대가 스튜디오의 1분 1초를 다투는 초조한 분위기를 알아줄 길이 없으니 10초 뒤 CM이 나갈 예정인데도 "그리고…"라며 새로운 이야기를 시작하려 해 정말 식은땀을 흘린 적도 있습니다. 그런 아수라장 속에서 나름대로 닦아온 테크닉을 알려드리겠습니다.

길게 이야기하는 것을 막을 수 있는 비결은 타이밍을 놓치지 않는 것입니다. 아무리 길게 말하는 사람이라 할지라도 반드시 이야기를 멈추는 순간이 있습니다. 바로 호흡을 할 때입니다. **상대가 말할 수 없는 유일한 순간, 숨을 들이쉬는 타이밍에 이야기의 주제를 바꿔야 하는 것입니다.** 그때의 대사는 반드시 긍정의 말로 해주세요.

"그렇습니까! 그러셨군요."

이처럼 밝고 큰 목소리로 상대의 이야기에 동의하면서 이야기를 가로막는 것입니다. 상대는 아직 무언가 더 말하고 싶어 하기 때문에 다소 강압적으로 보여질 수도 있겠지만, 긍정의 말로 밝게 강행된 것이기 때문에 크게 불쾌한 느낌을 받지는 않을 것입니다. 긍정의 언어를 밝고 큰 목소리로 말하는 것이 포인트입니다.

그런 다음 함께하고 있는 다른 사람들에게 이야기를 돌려봅시다.

"방금 이야기, ○○ 씨라면 어떻게 하시겠습니까?"

"네, 저도 ○○ 씨의 생각이 듣고 싶네요. 오늘은 ○○ 씨와 만나는 것을 기대했었거든요."

"조금은 이야기가 빗나가는 것일지도 모르겠지만 ○○ 씨, 방금 전의 이야기로 생각이 났는데 하나 여쭤 봐도 될까요?"(질문을 한다.)

다음 주인공으로 삼고 싶은 사람의 이름을 말하며 장면을 전환하는 것입니다. 지명받는 사람은 길게 이야기했던 사람에게서 가능한 먼 위치에 있는 사람이 좋습니다.

대각선상에 있는 사람을 지명하면 듣는 사람들의 눈높이는

180도 움직입니다. 이때 눈이나 머리만이 아닌 전신을 새롭게 지명된 사람에게 향하도록 하는 것이 효과적입니다. 모두가 등을 돌리는 상황에서 아무리 말하기를 좋아하는 사람이라도 다음 사람의 이야기를 안 들을 수는 없을 것이기 때문입니다.

상대가 한꺼번에 너무 많은 말을 할 때에는 기억하고 싶어도 이야기가 너무 길어져 기억할 수 없는 경우가 있지요. 그럴 때 저는 "메모를 해도 될까요?"라고 물어봅니다. 메모를 하고 싶다고 말하는 것만으로도 제대로 듣고 싶다는 마음을 전할 수 있기 때문에 싫은 내색을 하는 사람은 없을 것입니다.

가까이에 메모할 종이나 필기도구가 없을 때, 물어볼 타이밍을 찾기 어려울 때에는 손가락을 사용하면 기억하기가 수월합니다. 상대의 이야기 가운데 기억해두고 싶은 키워드를 각 손가락에 접목시켜 외워가는 것입니다.

예를 들어 엄지손가락에는 '다음 주 목요일', 집게손가락에는 '오후 4시', 가운뎃손가락에는 '○○ 씨(만날 사람의 이름)' 등을 접목시켜 생각을 해보세요. 그렇게 하면 손가락을 접어가며 세어 보는 것만으로도 기억이 되살아날 것입니다.

새로운 사람에게 던지는 화제는 가능하면 앞사람이 말했던 단어 중에서 고르는 것이 좋습니다. 그러면 앞사람의 이야기를 무리하게 가로막았다는 인상을 줄일 수 있습니다. 그리고 **다른 사람에게 던지는 멘트는 도중에 호흡을 하지 말고 단번에 말해야 합니다.** 도중에 숨을 들이쉬면 상대가 다시 이야기를 할 여지를 주게 되지만 단번에 말하면 비집고 들어갈 틈이 없기 때문입니다.

우선 타이밍을 파악하는 것부터 시작해봅시다. 아무리 길게 말하는 사람이라도 반드시 숨을 들이쉬는 때가 있습니다. 이야기가 멈추는 그 순간이라면 반드시 말을 막을 수 있을 것입니다.

KEY POINT

- 끊임없이 길게 하는 사람의 이야기는 가로막아 모두가 괴로워하는 시간을 끝내라.
- 가로막을 타이밍 = 상대가 숨을 들이쉬는 순간에 긍정의 언어를 사용해 밝고 큰 목소리로 말하라.
- 길게 이야기하던 사람과 먼 위치에 앉아 있는 사람을 지명하고 화제를 던져라. 화제는 앞사람이 이야기했던 단어 중에서 골라라.
- 한숨 돌리지 말고 단번에 말해 성공률을 높여라.

모두가 듣고
싶어 하는 것을 물어라

분위기를 띄울 수 있는 대화 비결 ③

일본의 유명한 가수 겸 배우 기무라 타쿠야 씨를 인터뷰했을 때의 일입니다. 아무래도 모두가 궁금해하는 것은 평소의 그. 저는 그의 일상이 머릿속에 그려지듯 아침에 일어나서부터 어떻게 시간을 보내는지 질문을 해갔습니다.

"알람 시계는 몇 개 정도 설정하세요?"
"알람 버튼을 몇 번이고 다시 설정하는 편이세요, 아니면 알람이 울리면 바로 일어나는 편이세요?"

"아침에 일어나서 제일 먼저 하는 일은 무엇인가요?"

"아침은 항상 집에서 드시나요? 주로 양식인가요, 일식인가요?"

그는 "저의 일상 따위 누가 재미있어 할까요?"라고 말하면서도 대답을 해주었습니다. 하지만 라디오를 듣고 있던 청취자들은, 다른 곳에서는 들을 수 없었던 그의 일상적인 이야기를 들을 수 있어서 정말 좋았다는 답변을 많이 보내주었습니다.

모두가 묻고 싶지만 '이런 거 물어봐도 되나?'라고 생각되는 질문을 하면 그 공간의 분위기는 굉장히 살아납니다. 그렇게 해서 주인공의 이야기를 모두가 흥미를 느끼는 쪽으로 유도하는 것입니다. 모두가 묻기 어렵다고 여기는 것인 만큼 질문하는 것에도 더더욱 용기가 필요합니다. 그런데 의외라고 생각될지 모르겠지만, 실은 질문을 받은 당사자가 물어줬으면 하고 생각하는 경우도 있습니다.

예를 들어 기무라 타쿠야 씨의 경우 라디오에 나오는 목적이 팬들에게 기쁨을 주기 위해서입니다. 혹은 새로운 팬을 얻을 기회가 될 수도 있습니다. 그런데 보통 잘 말하지 않는 그의 일상생활에 대해 이야기함으로써 팬이 늘거나 많은 사람들이 좋아한다면 결과적으로는 그에게도 기쁨을 안겨주게 됩니다. 아무리 그렇다고 해도 "제가 지금부터 아침에 일어나서 하루 종일 무엇을 하는지 일과를 말씀드리겠습니다"라고 먼저 말을 꺼내기에는 좀 무리가 있겠지요. 설령 팬들이 그것을 알고 싶어 한다는 것을 안다고 해도 말입니다.

일상에서의 대화도 마찬가지입니다. 상사나 손님에게 모두가 정말로 듣고 싶어 하는 것과 관련해 질문하며 이야기를 꺼내면 기분 좋아하는 경우가 많습니다. 자신의 입으로 먼저 말하기는 쉽지 않았던 것을 끄집어내주어 후련한 것도 있겠지만, 결과적으로 서로간의 거리가 좁혀지기 때문입니다.

말하고 싶지만 할 수 없는 이야기가 있거나, 묻고는 싶은데 물을 수 없는 이야기가 있을 경우 그것들을 피해서 말하려다 보면 대화는 어딘가 어색하고 불편해집니다. 그럴 때 막힌 파이프를 뚫는 것처럼 이야기하고 싶은 것이나, 묻고 싶은 것을 밖으로 끄집어낼 수 있도록 도와준다면 관계가 좋아지고 신뢰가 쌓여 기분이 더욱 좋아질 것입니다.

질문은 화제의 방향을 전환하는 데에도 큰 역할을 합니다. 이야기하고 있는 당사자가 화제를 바꾸고 싶어도 바꿀 수 없는 경우가 있기 때문입니다. 한번 이야기를 꺼내기 시작하면 갑자기 급브레이크를 밟거나 갑자기 방향을 전환하기가 어렵게 마련입니다. 눈에 보이지는 않아도 한번 이야기의 흐름이 생겨나면 의외로 본인이 그것을 바꾸기는 어렵습니다. 그럴 때 **주변에서 질문을 하며 방향을 전환해주면 굉장히 고마워합니다.**

저는 실제로 "그때 화제를 전환해줘서 너무 고마웠어, 덕분에 살았다니까"라는 말을 몇 번이나 들은 적이 있습니다. 이야기꽃을 피울 수 있는 사람은 그 공간을 채우는 이들의 욕구를 이해하고 있는 사람입니다. 상대가 그 순간 무엇을 바라는지 파악하고, 그것을 이룰 수 있게끔 언동을 취해야 합니다. 가령 전원이 균형 있게 말할 수 있도록 하거나, 사람들이 지루해하는 이야기를 요령 있게 자르거나, 모두가 이야기에 동참하여 즐길 수 있도록 하는 것입니다. 상대를 주인공으로 만드는 사람이야말로 주위의 모두가 즐겁기를 바라는 엔터테이너라고 할 수 있습니다.

KEY POINT

- 공간을 채우는 사람들의 욕구를 이해하게 되면 대화를 활기 있게 이끌어갈 수 있다.
- 모두가 듣고 싶어 하는 것을 대표하여 물어라.
- 똑같은 화제가 계속 이어져 말이 막히게 되면 다른 질문을 통해 방향을 전환해줘라.

5 서로 기분 좋게 이야기하려면?

☐ 다양한 방식으로 맞장구를 친다.
 – 긍정의 맞장구, 흥미 있음을 표현하는 맞장구, 찬성할 수 없을 때의 맞장구, 신체를 사용한 맞장구, 표정으로 나타내는 맞장구

☐ 머리와 마음으로 상대의 이야기를 이해했음을 알린다.

☐ 갑작스레 해결책을 제안하지 않는다.

☐ 항상 '이 사람은 왜 이 이야기를 하는 것일까?' 라고 생각하며 상대의 기준에서 바라본다.

☐ 상대의 이야기가 끝날 때까지 화제를 전환하지 않는다.

☐ 이야기를 잘 이해하지 못했을 때에는 자신의 탓으로 돌리며 다시 확인한다.

☐ 상대가 말을 잘못했을 경우 알아채지 못한 듯 티 나지 않게 정정한다.

☐ 여러 사람과 이야기할 때에는 공간의 욕구를 이해하고 분위기를 북돋운다.
 – 때로는 자신이 알고 있는 것이라 하더라도 모두를 위해 질문한다.
 – 말이 길어지는 사람의 이야기를 막고 다른 사람에게 화제를 돌린다.
 – 이야기가 끊기면 다른 질문을 통해 화제의 방향을 전환한다.

마치며

다시 만나고 싶은 5단계 대화법, 실천만이 답이다

우선 끝까지 읽어주셔서 정말 감사합니다.

어떠셨나요? 지금까지 소개한, 상대를 주인공으로 만들어서 이야기하는 다섯 단계를 일상에서도 꼭 실천해보시기 바랍니다. 반드시 머리로 이해하는 데에만 그치지 말고 실제로 행동하며 변화를 이끌어내기를 바랍니다.

이제껏 나에게 익숙했던 것들을 버리고 새로운 도전을 하려면 용기가 필요합니다. 아직은 낯설고 불편하고 불안할 수도 있습니다. 그래도 이 책을 읽고 있는 당신은 분명 지금 무언가 변화하고 싶다는 욕구가 가득할 것입니다.

저는 어릴 적 친구도 별로 없고, 오로지 일기를 친구 삼아 하루하루를 보내는 그런 아이였습니다. 무언가 말을 해도 사람들이 잘 알아주지 않을 거라 생각했습니다. 또 원래부터 어떻게 말을 해야 할지도 잘 몰랐습니다. 그랬던 제가 라디오 DJ가 된 것을 보면 인생이란 참 재미있는 것 같습니다. 신이 말하는 법을 갈고닦도록 DJ라는 직업을 선물로 준 것인지도 모르겠습니다.

처음엔 저도 그런 '선물 따위 바란 적 없어'라고 생각했습니다. 매일매일 실패의 연속이었기 때문입니다. 그랬던 제가 지금에 와서는 저 자신과 이어지고, 또 다른 사람과 이어질 수 있는 커뮤니케이션을 몸에 익히게 되어 하루하루 즐거운 시간을 보내고 있습니다. 물론 아직도 탐구를 향한 여행은 진행 중이지만, 매일같이 풍요롭고 온화한 인생을 보낼 수 있다는 것에 감사할 따름입니다.

여러분이 이 책을 만나게 된 것도 어떤 인연이 있기 때문이라고 생각됩니다. 단 한 가지라도 좋으니 꼭 실천해주시길 바랍니다. 그 결과 변화한 당신에게서 이야기를 듣는 날이 오기를 기대해봅니다.

이야기하고 싶어 하는 사람, 이해해주기를 바라는 사람이 우리 주변에는 많이 있습니다.(저도 그중 한 사람입니다.) 말을 잘한다는 소리를 듣기보다는 상대가 '나는 말을 잘해'라는 생각을 할 수 있는 커뮤니케이션으로 주위 사람들의 매력을 이끌어내 빛나게 해주세요.

마지막으로 제가 이 책을 쓸 수 있게 된 것은 모두 〈화법학교〉 학생들 덕분입니다. 이 책의 저자는 〈화법학교〉의 여러분입니다. 많은 깨달음과 가르침을 준 여러분께 감사의 말씀을 드립니다. 정말 감사합니다.

천사의
대화법

1판 1쇄 인쇄일 2018년 4월 25일
1판 1쇄 발행일 2018년 4월 30일

지은이 니시토 아키코
옮긴이 한양희
펴낸이 손기주

책임편집 권영선
디자인 윤실장
온라인 마케팅 포커스 코리아
세무 세무법인 세강

발행처 썬더버드 등록 2014년 9월 26일 제 2014-000010호
주소 서울시 서초대로42길 51 마노빌딩 6층
전화 02 6396 2807 **팩스** 02 6442 2807

ISBN 979-11-957737-9-4 03190
값은 뒤표지에 있습니다. 잘못된 책은 구입하신 곳에서 바꾸어드립니다.

썬더버드는 필자의 투고를 언제나 환영합니다.
이메일 tbbook3@gmail.com **홈페이지** www.tbbook.co.kr

〈천사의 대화법은 대화의 키 개정판 입니다〉